Primo piano

Antonio Gambino

L'imperialismo dei diritti umani

Caos o giustizia nella società globale

Editori Riuniti

I edizione: novembre 2001

via Alberico II, 33 - 00193 Roma
www.editoririuniti.it
fax verde: 800 677822
ISBN 88-359-5121-6

Indice

Prefazione

Questo libro è stato scritto negli ultimi tre anni, ed era già in stampa quando, l'11 settembre scorso, una devastante azione terroristica ha colpito New York e Washington. Poiché il suo tema è quello dei diritti umani, tra i quali quello alla vita è evidentemente il primo ed il piú fondamentale, quanto avvenuto quel giorno lo riguarda direttamente. Tre osservazioni appaiono quindi opportune.

La prima è che proprio dal punto di vista dei diritti umani – e non solo da quello di un generico sentimento di umanità – lo spettacolo che abbiamo visto svolgersi davanti ai nostri occhi rappresenta un'azione che va condannata nel modo piú assoluto, senza alcuna possibilità di ricorso, non diciamo a una giustificazione, ma anche ad una qualsiasi attenuante. Lo stesso criterio (quello secondo cui nessun uomo può essere trattato come un "mezzo") che, nelle pagine che seguono, ci spingerà a considerare inaccettabile il comportamento di chi, al fine di punire un governante che ha violato alcuni diritti umani, ritiene di essere autorizzato a compiere interventi che tolgono la vita a una parte dei suoi concittadini, deve portare ad un rifiuto totale di un'iniziativa in cui migliaia di individui sono stati uccisi come rappresaglia per gli orientamenti politici del loro Stato, e alcune centinaia sono stati addirittura usati come "proiettili umani".

La seconda osservazione è che in piú di una delle pagine di questo libro si potranno trovare degli accenni agli immensi pericoli insiti nello squilibrio della attuale scena internazionale, a sua volta legato, almeno in parte, ad una gestione arbitraria della concezione dei diritti umani. E, in effetti, la mia convinzione è che, se un impero mondiale è stato sempre irrealizzabile (non per nulla Adriano, volendo stabilizzare quello romano, decise di ritirarsi dalla Persia), esso si presenta ancora piú improponibile in un mondo quale quello attuale, i cui connotati piú specifici sono una comunicabilità-mobilità immediata di tutti i suoi aspetti (che rende internamente fragili anche gli Stati militarmente piú forti) ed una partecipazione sempre piú ampia ai processi politici e sociali, da parte di tutte le componenti umane. Con la conseguenza che impegnarsi in un simile progetto sostanzialmente autoritario – come gli Stati Uniti hanno fatto a partire dalla seconda metà degli anni '90 – appare del tutto privo di fondamento.

Lo è chiaramente, infatti, da un punto di vista etico, perché alla unificazione fisica del nostro pianeta dovrebbe corrispondere non un accentramento di tutti i suoi strumenti di comando nelle mani di un piccolo gruppo di paesi occidentali – si pensi solo al valore simbolico del G8 – ma una sua unificazione ideale, con una pari dignità, umana e giuridica e politica, riconosciuta a tutti i suoi abitanti (e di qui la validità profonda della concezione dei diritti umani). E lo è egualmente da un punto di vista fattuale, perché il prevalere di una simile impostazione – non avendo la possibilità di dar vita ad un potere realmente imperiale, ma solo, al massimo, ad una forma di "caos egemonizzato" – espone il paese che si attribuisce un ruolo totalmente dominante al rischio di diventare l'inevitabile punto di scarico di tutte le frustrazioni che i processi economici e sociali tendono attualmente a sprigionare. E quindi anche l'obiettivo naturale delle spinte terroristiche che esse generano.

Spinte che sono, e rimangono, una degenerazione: al tempo stesso pericolosa ed assolutamente criminale. Le cui radici vanno però cercate in uno stato d'animo molto diffuso e nient'affatto criminale, di natura non esclusivamente economica: vale a dire il risentimento di masse immense di persone – cittadine del Terzo e Quarto mondo, ma anche del nostro stesso Occidente – che, a dispetto di tanti discorsi su una democrazia ormai globale, constatano ogni giorno fino a qual punto i nostri destini collettivi – politici, economici, umani – sono decisi all'interno di un unico, ed inaccessibile, “palazzo del potere”. Il quale si ritiene legittimato a stabilire da solo – e secondo i suoi criteri e le sue “amicizie” – ciò che è giusto ed ingiusto, e a imporre con la sua forza tali sentenze.

La conclusione da trarre da tutto questo – e che è quella implicita nel libro – è quindi che, poiché perfino i piú forti sono divenuti ormai chiaramente vulnerabili, una maggiore sicurezza collettiva può venire solo da un minor squilibrio globale. Per cui cambiare la struttura planetaria oggi esistente sarebbe nell'interesse di tutti: anche, e forse innanzi tutto, degli Stati Uniti.

La terza, e conclusiva, osservazione consiste in una domanda: dopo tutto quanto è accaduto a partire dall'11 settembre 2001 – l'enorme shock psicologico degli attentati, i modi e la portata del successivo intervento militare americano, le sue ripercussioni immediate e meno immediate a livello di regione e globale, infine le possibili reazioni a catena di tali eventi in campo economico – può avere ancora senso una impostazione discorsiva e “ragionevole”, come è quella che viene tentata in questo libro? E non è piuttosto vero che di fronte a noi si apre un panorama completamente sconosciuto, in cui tutto rischia di muoversi e di svilupparsi seguendo percorsi emotivi dettati da una paura latente, e quindi assolutamente imprevedibili?

Francamente, io credo che non vi sia nessuno che, a questa domanda, sia oggi in grado di dare una risposta: sia cioè in grado di escludere che l'immagine delle Torri gemelle che si sgretolano e si ripiegano su loro stesse possa divenire il simbolo della nostra civiltà globalizzata. Quello che però mi sembra certo è che, nel caso che il peggio venga evitato, e che – nel giro di qualche settimana o di qualche mese – il tessuto della società internazionale torni a riassestarsi, ed i governi ed i singoli individui riacquistino la capacità e la possibilità di programmare il loro futuro, è proprio dai diritti umani, vale a dire da un insieme di criteri generali e imparziali, capaci di accomunare, su una base di eguaglianza, tutti gli uomini, che noi tutti dovremo ripartire.

Antonio Gambino

Roma, 15 ottobre 2001

Premessa

Il vecchio detto latino *propter vitam, vivendi perdere causam* è probabilmente il piú adatto a mettere in luce il dilemma davanti a cui si trova oggi il dibattito sui diritti umani. Infatti, anche se di questi diritti – che, secondo la definizione comunemente accettata, spettano in egual misura ad ogni uomo, senza distinzione di nazionalità e cultura, e che appunto per questo motivo meritano di essere chiamati "universali" – tutti seguitano a parlare, la loro collocazione sulla scena mondiale appare oggi incerta e confusa. Come dimostra la piú semplice delle osservazioni: e cioè che proprio nel loro nome sono state compiute, nella primavera del 1999, una serie di azioni militari, il cui risultato – definito "collaterale", anche se non si sa bene per chi – è stato di privare del piú elementare di tali diritti, quello alla conservazione della vita, non meno di cinquecento civili (nel senso di non soldati), senza che a loro potesse essere imputato, in maniera diretta o indiretta, alcun crimine.

Di fronte ad un simile stato di cose, le posizioni che si possono assumere sono quindi due. La prima – piú facile, e sicuramente piú diffusa – è di far finta di nulla, di andare avanti come se niente fosse accaduto, anzi di programmare, sia pure sulla base di nozioni e criteri tutt'altro che chiari, nuove iniziative e nuove organizzazioni. La seconda è – per usare le parole di Amleto, nel piú famoso dei suoi sette monologhi – di imporci una "pausa". Per valutare sia come si è giunti alla situazione attuale, sia se, alla concezione oggi prevalente, non se ne possa contrapporre un'altra: meno perentoria, ma forse anche meno ambigua e meno pericolosa.

Ringraziamenti

Al momento di consegnare all'editore questo libro, desidero rivolgere un sincero ringraziamento a tutti coloro che mi hanno aiutato nel reperimento – non sempre facile – di una serie di volumi e testi non italiani. E quindi, innanzi tutto, ai direttori e al personale di cinque biblioteche: quella intitolata a Giorgio Del Vecchio, presso la cattedra di Filosofia del diritto della Facoltà di Giurisprudenza di Roma, e, sempre a Roma, quella della Fondazione Basso, quella dell'Istituto Luigi Sturzo, quella dell'Istituto di Affari internazionali e, infine, quella dell'Università Luiss.

L'imperialismo dei diritti umani

a Caterina e Evelina

A meno che non sia espressamente indicato, i corsivi contenuti nelle citazioni sono presenti nei testi originali.

I. La lunga marcia dei diritti umani

I diritti umani sono diventati ormai, da alcuni anni, un punto di riferimento costante della nostra vita quotidiana: a parlarne, discuterne, esaminarli non sono piú infatti solo i giuristi, ma siamo spesso tutti noi, perfino nelle nostre conversazioni piú improvvisate. Ma che cosa siano esattamente tali "diritti", quale sia il loro fondamento ed il loro valore, è qualcosa che non solo quasi sempre sfugge all'uomo della strada, ma che lascia perplessi e discordi anche molti di coloro che li studiano. Per non parlare poi di chi – come gli uomini politici – li pone al centro, quale elemento di giustificazione e di legittimazione, di molte delle proprie iniziative concrete, che talvolta somigliano da vicino a delle vere e proprie guerre.

Le pagine che seguono cercheranno di delineare nel modo piú semplice possibile questo quadro, di anno in anno (anche per l'accavallarsi delle analisi e delle pubblicazioni) sempre piú confuso. Non nascondendo la complessità ed il carattere controverso di molti dei suoi concetti. Ma cercando di evitare che tali suoi aspetti eliminino la possibilità di valutare con esattezza la sostanza, ed i pericoli, della situazione che abbiamo di fronte.

Dal diritto naturale ai diritti umani

Non è certamente arbitrario affermare che, quanto meno nella cultura occidentale, la nozione dei diritti umani è stata sempre, in qualche misura, presente. Infatti, che cosa era, nel fondo, la "natura" a cui faceva riferimento il "diritto naturale" se non, appunto, quella "essenza umana" che gli uomini (anche se non necessariamente "tutti" gli uomini) avevano in comune?[1] E che cosa era la stessa "legge non scritta", a cui si appella Antigone al momento di dare sepoltura al corpo di Polinice, se non la certezza dell'esistenza di un criterio superiore[2] capace di regolare la vita degli uomini, al di là e perfino contro i comandi e i divieti "scritti", imposti loro dagli Stati e dai governanti?

La costanza di tale concetto nel contesto del nostro mondo non significa, tuttavia, che esso non abbia assunto, nelle differenti epoche, forme di volta in volta diverse (e, in generale, sempre piú ampie): trasformandosi sia nel suo contenuto che nella sua funzione.

Per quanto riguarda il primo aspetto, molto importante, infatti, è la sostituzione della antica – e generica – idea di *un diritto naturale*, quale «legge eterna ed immutabile» in grado di «governare in tutti i popoli e in tutti i tempi» (per usare le parole di Cicerone), con la piú concreta convinzione, di origine illuministica, di un *insieme di diritti*, non solo spettanti *naturalmente* ad ogni singolo individuo, ma anche in continua espansione, grazie all'affermarsi di una "ragione umana" sempre piú consapevole di se stessa. Vale a dire, come scrive Ernst Cassirer, il passaggio del «diritto naturale» da uno statico «ordus ordinatus» a un dinamico «ordus ordinans»[3]. Un salto qualitativo, grazie al quale – come fa notare Passerin d'Entrèves, citando Lord Bryce – «quella che per circa duemila anni era stata una massima innocua, quasi un luogo comune di moralità» si trasforma nella «massa di dinamite che distrusse un'antica monarchia e scosse il continente europeo»[4].

Strettamente legato con questo primo è però il secondo mutamento: che riguarda, come si è accennato, la funzione che viene attribuita a tale nozione.

Fino a un determinato momento – piú avanti cercheremo di indicare quando – i diritti naturali, chiamati presto "diritti dell'uomo", si collocano infatti entro uno sfondo chiaramente delimitato: visto che la loro immediata pretesa ad uno statuto di "universalità" non ha tanto lo scopo di sottrarli all'ordinamento giuridico nazionale, quanto di sottolineare la loro forza nei suoi confronti, vale a dire di aumentarne, al suo interno, il potere contrattuale. L'*uomo* di cui le dichiarazioni sia americana che francese parlano è insomma ancora concepito, essenzialmente e inscindibilmente, come *cittadino*. Il quale rivendica la propria appartenenza a un ordine di valori universali, ma solo per richiedere alla comunità politica in cui si riconosce tutta una serie di nuovi diritti che considera indispensabili alla pienezza della propria libertà e della propria dignità come persona[5].

Ad un certo punto, però, tale situazione cambia. E ciò avviene quando l'"universalità" dei diritti umani cessa di essere la caratteristica su cui i singoli individui fanno leva per ottenere sempre piú ampi margini di libertà dai loro Stati, e diventa l'aspetto specifico della loro essenza. Uomo e cittadino, che prima erano uniti, cominciano cioè a presentarsi come distinti e separati. E i diritti umani, competendo ormai ad ogni individuo in quanto tale, diventano qualcosa che, per essere valida, non solo non ha piú bisogno di un riconoscimento da parte dello Stato, ma che può essere invocata perfino contro di esso, al fine di svuotare di significato e di potere i suoi ordinamenti e le sue leggi.

Il cambiamento che in tal modo si produce non può essere definito altro che immenso. La universalità di tali diritti – che, come si è detto, è sempre esistita, in quanto fin dall'origine sono stati considerati come preesistenti al "contratto sociale" – passa infatti ora da una condizione potenziale, o virtuale, ad una attuale. E, qualora essa venga presa sul serio, fa sí che una intera concezione dei rapporti collettivi venga bruscamente accantonata, per lasciare spazio ad una del tutto differente[6].

I diritti umani e il superamento della ragion di Stato

Quello che si profila all'orizzonte è quindi, al di fuori di ogni dubbio, un concetto intrinsecamente "sovversivo" della posizione dell'essere umano nell'ambiente che lo circonda. Finisce, cioè, il lungo, immemorabile, periodo in cui la nazionalità, l'appartenenza a un determinato corpo politico, era considerata come "il destino" di ogni individuo[7], e se ne inizia uno in cui non sono piú gli Stati ma i singoli uomini a presentarsi, a tutti i livelli, come gli effettivi protagonisti. Una vera e propria rivoluzione. La cui essenza appare chiara nella descrizione che ce ne ha data Hedley Bull, uno dei primi studiosi ad averne individuato – già un quarto di secolo fa – l'effettivo significato. «Portata alle sue conseguenze logiche estreme – scrive Bull – la dottrina dei diritti e dei doveri umani ha un carattere sovversivo nei confronti dell'intero principio che l'umanità debba essere organizzata come una società di Stati sovrani. Infatti, se i diritti di ogni uomo possono essere rivendicati sulla scena politica mondiale al di sopra e contro le pretese del suo Stato, ed i suoi doveri messi in luce senza tener conto della sua posizione come suddito o cittadino di tale Stato, allora la posizione di tale Stato come un corpo dotato di sovranità sopra i suoi cittadini, e autorizzato a pretendere la loro obbedienza, è stata messa in dubbio, e la struttura della società internazionale è stata posta in pericolo. La via è stata aperta al sovvertimento [di tale società] a favore del principio organizzativo alternativo di una società cosmopolitica»[8].

Un esempio concreto può probabilmente facilitare la percezione di tale cambiamento: che altrimenti può apparire – anche se non lo è – astratto. Prendiamo quindi come punto di riferimento uno degli snodi fondamentali non solo della classica convivenza internazionale ma anche del nostro secolare bagaglio culturale: quello del binomio "politica estera-ragion di Stato". E cerchiamo di vedere in che modo esso, nel nuovo contesto dominato dalla concezione dei diritti umani, risulterebbe modificato.

Concepita nella sua forma tradizionale, la "politica estera" può essere definita come la specifica attività attraverso cui ogni Stato si propone un accrescimento del proprio potere[9], al fine di difendere e di promuovere quelli che, secondo la propria autonoma valutazione, ritiene essere i propri interessi vitali[10]. Mentre la "ragion di Stato" è la convinzione che il raggiungimento di questo fine è un obiettivo di cosí assoluto valore (*salus populi suprema lex esto*) che ogni azione che vi si ispiri, anche la piú contraria alle prescrizioni etiche comunemente accettate, deve essere giudicata lecita e perfino doverosa. Con il corollario che un simile criterio, ed una simile norma di condotta, non riguardano solo i governanti ma anche i membri di ogni singolo paese. Da cui deriva il dilemma dei «cittadini morali e Stati immorali» (per riprendere il titolo in un famoso saggio di Reinhold Niebuhr)[11]: il fatto, cioè, che gli stessi uomini che nella loro vita privata si sforzano di mantenere una condotta moralmente irreprensibile, non solo obbediscono all'ordine dei loro governi di operare in modo totalmente diverso, ma spesso compiono tali azioni con slancio e con un profondo senso di appagamento, se le ritengono indispensabili, o anche solo vantaggiose, alla comunità politica a cui appartengono.

Inutile nascondersi che – a dispetto della lunga e costante riflessione su questo tema – tale dilemma non è stato ancora sanato: nel senso che esso seguita a presentarsi all'uomo moderno con la stessa «faccia di sfinge» – per usare la bella immagine di Friedrich Meinecke[12] – che aveva quando, quattro secoli fa, fu per la prima volta teorizzato. Inoltre, se ciò avviene, non è tanto per le varie forme di coercizione che gli Stati sono in grado di esercitare sui loro cittadini, quanto per la forza di altri due elementi, diciamo cosí "interni". Il primo dei quali è la presenza in ogni uomo, ancora oggi, di una duplice identità, una personale e una collettiva, e quindi anche della capacità di quest'ultima di sviluppare, specie nei momenti di emergenza (una grande crisi internazionale, una guerra, ecc.), un legame emotivo di "fedeltà" di portata spesso soverchiante. Mentre il secondo è che, fino a quando l'attuale struttura – anarchica – del sistema internazionale non verrà superata, non esisterà praticamente spazio per cambiamenti che vadano al di là del livello puramente "cosmetico"[13].

Il risultato di tutto questo è di porci di fronte agli occhi sempre lo stesso spettacolo. Che non è solo quello di tutti gli Stati che si affrettano a biasimare certe azioni (ad esempio: i bombardamenti sulle popolazioni civili, o l'uccisione dei soldati nemici fatti prigionieri, ecc.) pur seguitando a compierle tutte le volte che le ritengono necessarie; ma anche quello, non meno imbarazzante, degli incredibili contorcimenti verbali in cui rimangono incagliati perfino studiosi di alto livello, nel momento in cui provano a sostenere che i dirigenti politici che agiscono in questo modo «sono *assassin*[*i*]*, sebbene per una buona causa*», visto che «essi *devono* preferire la sopravvivenza collettiva [del loro Stato] e calpestare quei diritti che si siano improvvisamente profilati come un ostacolo, [ma] *non sono liberi da ogni colpa* quando lo fanno»[14] (corsivi aggiunti).

Bene, se questa è la costruzione solidissima, ma al tempo stesso paradossale (come è possibile, si chiede infatti Pascal, che, in campo morale «un meridiano decid[a] della verità», e che ciò che è giusto o sbagliato abbia «come confine un fiume»?)[15], con la quale da secoli seguitiamo a fare i conti, è tuttavia necessario prendere atto che essa sarebbe destinata ad andare in frantumi nel momento in cui i diritti umani diventassero una realtà, cioè un codice non astratto ma concretamente vissuto. In una scena mondiale caratterizzata dalla loro piena prevalenza non vi sarebbe infatti piú spazio per politiche estere nazionali contrapposte. Anzi, e piú precisamente, non esisterebbero piú delle "politiche estere": in quanto tutti i protagonisti della dialettica internazionale – che sarebbero ormai i singoli individui – modellerebbero spontaneamente i loro comportamenti sulla base di princípi e di valori comunemente riconosciuti. E quindi, insieme ad una attività ispirata unicamente agli "interessi nazionali", scomparirebbe anche la "ragion di Stato". Con la conseguenza che l'enigma della sfinge, a cui abbiamo prima accennato, si dissolverebbe, e gli uomini, se volessero essere immorali, lo sarebbero secondo i loro gusti e il loro temperamento, ma non piú costretti ad agire in questo modo da un loro "senso di appartenenza".

La contrapposizione tra politica estera e diritti umani

Stabilita la differenza e la "inevitabile tensione" tra diritti umani e politica estera[16], rimane tuttavia ancora da valutarne l'ampiezza: nel senso che la domanda che ci si può, e ci si deve, rivolgere è se, per quanto diversi, questi due orientamenti non possano, in qualche modo, contemperarsi e convivere. Ed è questo un punto che vale subito la pena di chiarire, anche perché faciliterà il nostro compito quando arriveremo ad affrontare il tema della realizzazione dei diritti umani.

La tesi che i diritti umani possono trovare una collocazione all'interno della politica estera dei diversi Stati ha avuto, specie negli ultimi tempi, non pochi sostenitori: sulla base di argomenti che, tuttavia, non appaiono molto convincenti. A dare una risposta positiva non può bastare, infatti, la semplice constatazione che, in alcuni casi, questi Stati rispettano la lettera di tali diritti. Perché, per far pendere la bilancia nel senso desiderato, ciò che bisognerebbe provare è che essi operano cosí perché davvero si ispirano a questo criterio: vale a dire che la pretesa convergenza tra diritti umani e politica estera non è solo una facciata attraverso cui si tenta – malamente – di coprire e nascondere una realtà del tutto diversa.

Al fine di esaminare adeguatamente questo problema, lasciamo da parte l'ipotesi peggiore, anche se statisticamente piú ricorrente: quella di un paese la cui adesione ai diritti umani è solo apparente, che cioè dichiara di volerli rispettare, ma concretamente non lo fa. E, preso atto che vi sono sicuramente degli Stati che, in varie circostanze, dimostrano seriamente di volersi adeguare a tali criteri (anche con la rinuncia ai vantaggi immediati che potrebbero venir loro da un diverso e piú spregiudicato comportamento), applichiamo al nostro soggetto un minimo di kantismo, e chiediamoci sulla base di quale "intenzione" lo fanno. Perché, se compiamo questa operazione mentale, ci accorgiamo che la conclusione a cui si giunge è una sola. E cioè che il loro orientamento di apparente rispetto non dipende da una improvvisa decisione di adottare una politica "umanitaria", ma dal fatto che, essendo il riconoscimento dei diritti umani diventato, nel nostro mondo, uno dei criteri importanti (anche se non l'unico) per giudicare la complessiva "legittimità" di uno Stato[17], un governo può assumerli come punto di riferimento delle proprie azioni perché sa che, in tal modo, può accrescere la propria credibilità, e quindi anche la capacità di muoversi con successo sulla scena internazionale.

Con questo, ovviamente, non si vuol sostenere che quello a cui si è appena accennato non possa costituire – se rapportato al quadro tradizionale dei comportamenti politici internazionali – un cambiamento, anche di un certo rilievo (e su questo tema ritorneremo piú avanti). Ma solo che la sua "qualità" è diversa da quella che talvolta – anzi spesso – viene indicata. Nel senso che a mutare non è la natura della politica estera – la quale, da attività diretta unicamente a rafforzare la posizione di uno Stato sulla scena internazionale, si trasformerebbe, almeno in parte, in attività ispirata ai grandi ideali dell'umanitarismo – ma il contesto in cui essa è chiamata a compiere le sue scelte.

Per cui, in uno sfondo, o anche solo in una circostanza, in cui i diritti umani siano diventati una componente collettiva emotivamente importante, nulla esclude che rispettarli, non solo a parole ma anche nei fatti, possa rivelarsi, specie per un paese occidentale, come il comportamento piú efficace (ad esempio in Africa, dove anche semplicemente un passato non colonialista è stato spesso un efficace salvacondotto per concludere ottimi affari). Con l'immediata aggiunta, però, che, là dove la situazione si presenta in modo differente, può accadere benissimo che lo stesso fine – l'interesse nazionale – seguiti ad essere perseguito con una condotta del tutto opposta.

Da cui la conclusione che non è la politica estera a decidere di cambiare o almeno di "limitare" se stessa, per accogliere al suo interno i diritti umani, ma piuttosto che essa non fa altro che adattare la propria azione – che non cessa di avere come unico punto di riferimento la protezione, con tutti i mezzi, degli interessi nazionali – ad un contesto in cui tali criteri hanno acquistato un peso non trascurabile.

Né in tale meccanismo vi è nulla di nuovo: perché, al contrario, esso è esattamente lo stesso che si produce per quanto riguarda, in generale, la validità e l'incidenza del "diritto internazionale". Anche in questo caso, infatti, accade spesso che, in un contesto caratterizzato da una forte dose di interdipendenza, alcuni Stati rispettino almeno una parte di ciò che esso prescrive. Se ciò avviene, però, non è perché essi attribuiscono alla sue "regole" il carattere di "leggi": dirette non solo a coordinare, ma in primo luogo a comandare[18]. Ma, piuttosto, perché i loro governi o ritengono troppo pericoloso violarle, a causa dell'appoggio che esse ricevono dalle grandi potenze (e, in questo caso, è evidente che si è di fronte ad un imperio della forza e non del diritto), oppure si convincono che, valutando nel suo complesso il quadro generale, mantenere in vita tale "sistema", anche se nei singoli casi può riuscire gravoso, è complessivamente vantaggioso per il perseguimento dei loro fini[19].

Nella sostanza, quindi, risulta evidente che diritti umani e politica estera seguitano a presentarsi come due criteri opposti e incompatibili. Là dove l'orientamento è quello del rispetto dei diritti umani, con il loro contenuto universale, la classica impostazione della politica estera – attraverso la quale i singoli

Stati, ispirati unicamente alle loro "ragioni" contrapposte, cercano di assicurarsi particolari vantaggi – non avrebbe piú modo di svilupparsi. Mentre là dove la politica estera seguita ad esistere (e almeno fino a quando – e tale momento non appare vicino – le esigenze umanitarie universali non avranno acquistato nell'opinione pubblica di ciascun paese un peso tale da sovrastare i suoi piú tradizionali "interessi": di sicurezza, di ricchezza, di prestigio, ecc.), i diritti umani appaiono destinati a svolgere una funzione di inganno e di pura facciata. Oppure – nella migliore delle ipotesi – ad assumere l'aspetto di un bene "usa e getta": da rispettare quando le circostanze sono favorevoli, e quindi il suo costo è zero, ma da ignorare quando l'interesse nazionale, presentandosi anche solo come marginalmente in pericolo, consiglia e impone una condotta diversa.

Una conclusione che può apparire pessimistica, ma, invece, è solo realistica: in quanto ampiamente provata dai fatti. Come dimostra (per fare un solo esempio, tra i moltissimi che ci mette a disposizione l'intera storia delle relazioni internazionali) quanto si legge nella Sezione B dell'United States Foreign Assistance Act: il quale richiede la cessazione degli aiuti militari e della vendita di armi a tutti i paesi «i cui governi siano impegnati in un costante schema di grandi violazioni dei diritti umani internazionalmente riconosciuti», ma precisa che «delle eccezioni possono essere fatte in circostanze straordinarie», qualora i fatti dimostrino che è nell'«interesse nazionale» che tale aiuto continui (clausola di salvaguardia a cui, perfino durante la presidenza di Carter, vale a dire dell'uomo passato alla storia come uno dei piú coerenti sostenitori di tali diritti, gli Stati Uniti hanno fatto ripetutamente ricorso per seguitare a fornire assistenza militare ad una serie di paesi che vanno dall'Indonesia all'Iran, dalla Corea del Sud alle Filippine)[20]. E come conferma un ponderoso documento del Foreign Office inglese del 1986: che si addentra per alcune centinaia di pagine in particolareggiate distinzioni e classificazioni delle diverse tipologie di violazioni dei diritti umani, solo per arrivare alla conclusione che il loro rispetto deve essere considerato «come uno degli obiettivi» della politica estera britannica, da tenere in particolare conto «quando ci si trova di fronte a crimini gravemente ripugnanti per l'opinione pubblica interna del paese»[21].

L'unica lezione che si può ricavare da quanto appena detto è, quindi, che anche su questo tema si dimostra valida la tesi, di Carl Schmitt, secondo cui è il "caso di eccezione", cioè non la normale routine ma la situazione emergenza, che – rivelando la realtà, meno immediatamente visibile, ma piú sostanziale, di una determinata situazione – riesce a mettere in luce l'essenza di un problema[22]. Mentre il resto non è altro che astratta "buona intenzione" o, peggio, ipocrisia.

La guerra fredda e la Dichiarazione dei diritti dell'uomo

Se, chiusa questa lunga parentesi, riprendiamo il filo del nostro discorso, il punto da cui possiamo ripartire è che le potenzialità destabilizzanti dei diritti umani – nei confronti dell'attuale assetto internazionale – appaiono del tutto evidenti. Ma che ciononostante – come nota sempre Bull – esse sono rimaste a lungo sostanzialmente ignorate, o rimosse[23].

Tale stato di cose va sicuramente attribuito, in larga parte, a quell'aspetto del normale istinto di conservazione che spinge costantemente a smussare gli aspetti di novità, per collocarli all'interno di un quadro già sperimentato. Non minore importanza però, in questo caso, ha una precisa circostanza storica: vale a dire che lo sviluppo e il consolidamento della nozione dei diritti umani non si presenta come il risultato finale di una lenta elaborazione e maturazione della coscienza collettiva, ma piuttosto come il frutto immediato dell'impatto emotivo prodotto da un evento eccezionale, quale il genocidio nazista, che, nel giro di pochi anni, vede lo sterminio di milioni di individui, appartenenti a gruppi umani "indesiderati" (in primo luogo gli ebrei, poi gli zingari, i disabili, gli omosessuali e i malati mentali). Fenomeno che per le sue dimensioni, la sua programmaticità, e anche la sua qualità (il fatto che coloro che si volevano eliminare venivano nello stesso momento spogliati della loro essenza di "uomini")[24], assume il carattere di un "salto", nella pur lunga e ininterrotta storia della violenza e della malvagità sul nostro pianeta.

Messa di fronte a tale spettacolo, l'opinione pubblica mondiale, e in primo luogo occidentale, reagisce, infatti, cercando di affidare il proprio futuro a qualcosa che ne impedisca la ripetizione. Nasce cosí, con i connotati che sappiamo, la nozione dei diritti umani. Che, già a poche settimane dalla fine della seconda guerra mondiale, trova una sua prima formulazione nella Carta delle Nazioni Unite. E che nel giro di un altro paio d'anni riceve la sua piena definizione e consacrazione, alla fine del 1948, con l'approvazione della «Dichiarazione universale dei diritti dell'uomo».

I limiti giuridici, e quindi le intrinseche debolezze, di quella che, su un piano etico, può essere senza dubbio considerata una conquista, sono tuttavia evidenti[25]. E hanno quattro origini diverse, anche se, ovviamente, tra loro connesse.

Innanzi tutto è bene ricordare che la preparazione di tale documento si sviluppa in un contesto in cui, nei rapporti all'interno della coalizione antinazista, la già limitata unità di intenti del periodo bellico ha ormai lasciato il posto ad una tensione di mese in mese crescente: con la conseguenza che – come scrive Antonio Cassese – «la discussione che si dipanò alle Nazioni Unite sulla Dichiarazione fu in tutto e per tutto *un pezzo di guerra fredda*»[26]. Potenze occidentali e Unione Sovietica, infatti, non solo si ispirano alle loro diverse impostazioni ideologiche, ma cercano in tutti i modi di dar vita ad un testo che, nelle polemiche già in atto, e ancor piú in quelle prevedibili per l'immediato futuro, possa rafforzare la loro posizione contro quella degli avversari. Ed ecco, quindi, che mentre gli Stati Uniti, l'Inghilterra e la Francia insistono sulla preminenza e sulla inviolabilità dei diritti umani di natura politica, l'Urss e i paesi dell'Est europeo, già in fase di satellizzazione, si impegnano a sottolineare la fondamentale importanza di quelli economici e sociali.

Inoltre non si può ignorare che i paesi occidentali, con gli Stati Uniti in testa, interessati a consolidare l'Onu come nuovo perno delle relazioni internazionali, sono pronti a fare, alla controparte, ampie concessioni sul piano delle dichiarazioni verbali. Di cui l'Unione Sovietica, forte del totale controllo sul proprio blocco e della sua ermetica chiusura a ogni contatto esterno, e quindi dell'impossibilità per i suoi cittadini di far conoscere all'opinione pubblica mondiale la loro reale condizione di sopraffazione e il loro dissenso (la famosa "cortina di ferro"), riesce in piú occasioni ad approfittare, per mettere in difficoltà i propri antagonisti: ad esempio, sostenendo alcune istanze superlibertarie, come il diritto alla ribellione o alla petizione popolare. Col risultato di dar vita ad una situazione surreale che giustamente è stata definita di «ambiguità negoziata»[27], in cui tutti i termini piú usati – a cominciare da quello di "libertà" e "democrazia" e finendo con quello di "diritti umani" – assumono un contenuto incerto e contorto, e tendono a svuotarsi di significato.

Un terzo elemento di cui tener conto è che il dibattito di cui ci stiamo occupando si svolge in un ambiente molto ristretto. Da due diversi punti di vista. Innanzi tutto perché i membri delle Nazioni Unite sono, in quel momento 56 (rispetto ai 189 attuali). E poi perché, sia i 20 paesi dell'America latina, sia i 18 di quello che presto verrà chiamato Terzo mondo, non riescono, anche perché spesso rappresentati da uomini politici e da diplomatici di educazione occidentale, a sottrarsi ad una condizione di costante soggezione nei confronti delle grandi potenze, e specialmente degli Stati Uniti: come prova eloquentemente la mancanza, nella Dichiarazione, di ogni accenno al diritto all'autodeterminazione.

Infine – e in gran parte proprio a causa dell'influenza delle circostanze che si sono appena ricordate – vi è il modo confuso ed assolutamente superficiale con cui viene affrontata la discussione. Col risultato che, mentre una serie di importanti intellettuali, richiesti dall'Unesco di esprimere la loro valutazione sul tentativo di definire e "codificare" i diritti umani (da Jacques Maritain a Benedetto Croce, da Gandhi a Teilhard de Chardin)[28], invitano alla prudenza e a considerare attentamente i rischi legati alla diffusione di generiche "tautologie"[29], i delegati presenti a New York – senza neppure aver prima cercato di formulare una "teoria generale", capace di dare un inquadramento al compito che si erano proposti[30] – si gettano a capofitto in una serie di operazioni spericolate. Come quella di pretendere di fissare nei loro particolari i diritti umani connessi alle situazioni piú disparate, e anche di attribuire carattere giuridico ad aspirazioni indubbiamente di grande risonanza (per fare un solo esempio, che rasenta il paradosso, quella «a un ordine internazionale nel quale i diritti e la libertà [...] possano essere pienamente realizzati»)[31], senza però curarsi di indicare i modi di una loro attuazione, e specialmente – ma su questo punto torneremo piú avanti – a chi spetterebbe il rispettivo dovere di assicurarne la protezione.

Stando cosí le cose, non può sorprendere che il momento dell'approvazione ufficiale di questo documento – il 10 dicembre 1948, con 48 voti a favore e otto astensioni – segni anche l'inizio di una sua lunga fase di latenza. I diritti umani sono infatti lí, scritti su una carta prestigiosa. Ma poiché nessuno è in grado di dire che cosa essi esattamente significano, e in che modo possono e devono essere realizzati, la loro posizione sulla scena internazionale rimane statica, priva di vigore, anzi, col passare del tempo sempre piú offuscata.

La "fase di latenza" dei diritti umani

Naturalmente, se questa è la realtà, nulla esclude che l'apparenza si presenti spesso in termini diversi. Dei diritti umani, e particolarmente delle loro violazioni, si parla infatti molto, ed animatamente, durante tutte le grandi crisi internazionali degli anni '50 e '60: da quella dell'apartheid nell'Africa meridionale a quella dell'intervento armato americano nel Sud-est asiatico, a quella, infine, dell'invasione sovietica della Cecoslovacchia. L'uso essenzialmente "partigiano" che si fa di tali criteri (nel primo e nel secondo caso sono i governi comunisti ed i movimenti progressisti a servirsene per mettere sotto accusa i paesi occidentali, nel terzo le posizioni si capovolgono), non consente però in alcun modo di far compiere un passo avanti al loro statuto, in quanto punto di riferimento valido per tutti gli uomini, ed in tutte le circostanze. Al contrario, si rimane chiaramente all'interno della logica della politica estera: che, come si è visto, si serve spesso di argomentazioni etiche di grande rilievo, avendo però come unico fine la promozione dei singoli interessi nazionali.

Un discorso simile, d'altronde, si può fare a proposito del lungo dibattito sui diritti umani che, nella prima metà degli anni '70, si svolge ad Helsinki, nel quadro della Conferenza per la sicurezza e la cooperazione europea (e che porta all'inserimento di un intero capitolo dedicato a questo tema nel testo del suo Trattato finale). Ciò che spinge i paesi occidentali ad impegnarsi in questa battaglia è sicuramente, almeno in parte, il desiderio di aiutare i cittadini dell'Est europeo, sottoposti, da decenni, all'occupazione militare sovietica: anche perché, specie negli Stati Uniti, la presenza di grosse minoranze etniche provenienti da queste nazioni attribuisce a tale tema una precisa valenza di politica interna. Non meno importante, tuttavia, è l'ispirazione propagandistica di tale iniziativa: vale a dire la volontà di mettere in difficoltà l'intero sistema di potere sovietico, rivelando uno dei suoi aspetti piú odiosi. Senza però superare un limite ben preciso: come dimostra sia il contenuto essenzialmente vago e compromissorio dei documenti firmati, e quindi la loro scarsa influenza concreta, sia il fatto che, contemporaneamente, i governi atlantici, e in primo luogo quello americano, tendono spesso a seguire una politica diretta invece a rassicurare l'Urss e ad escludere ogni interferenza esterna nel suo controllo sulla propria sfera di influenza (la famosa "dottrina Sonnenfeld")[32].

Né, infine, una smentita alla tesi di una lunga "fase di latenza" del tema dei diritti umani può essere trovata nell'intenso lavorio che, su tale tema, comincia alle Nazioni Unite. Ed è questo un punto che vale la pena di esaminare con un poco di attenzione.

Parcere superbis, debellare subiectos

L'interesse delle Nazioni Unite per la questione dei diritti umani si manifesta, in realtà, ancora prima che inizi la stesura e si arrivi alla approvazione della «Dichiarazione universale» del 1948. E l'attenzione tende immediatamente a concentrarsi, non tanto sulla definizione ed individuazione di tali diritti (*standard setting*), problema della cui complessità ci si renderà conto solo piú tardi, quanto sul modo di ottenere, e di imporre, il loro rispetto (*enforcement*).

Una Commissione dei diritti umani viene quindi creata già nel 1946. E fino alla metà degli anni '60 la sua posizione ufficiale rimane quella definita in un documento del 1947: in cui si affermava che essa «non aveva alcun potere di compiere qualsiasi azione a proposito delle denunce di [una loro] violazione»[33]. Pur all'interno di questo quadro, qualcosa, però, comincia presto a muoversi. Già nel 1954, infatti, la Commissione prepara la bozza di due trattati (*Covenants*) per la creazione di due distinti organi di sorveglianza: riguardanti, rispettivamente, i diritti umani di carattere civile e politico e quelli di carattere economico, sociale e culturale. Trattati che saranno approvati dalla Assemblea generale nel 1966 (anche se la loro piena entrata in vigore avverrà molto piú tardi: nel caso del secondo, solo nel 1987).

Almeno teoricamente, per quanto riguarda il lavoro da compiere per porre in moto il meccanismo di attuazione dei diritti umani, ci si trova dunque, da tempo, davanti a due soggetti diversi. Il primo dei quali è la stessa Commissione dei diritti umani: che risulta composta da rappresentati dei vari paesi membri, sulla base di un criterio di equilibrio "regionale". Mentre il secondo è il Comitato previsto dal «Trattato sui diritti umani civili e politici» (Iccpr Human Rights Committee), i cui diciotto membri devono, invece, essere scelti sulla base della loro «riconosciuta competenza» e del loro «alto carattere morale», e sono chiamati a operare in quanto «esperti», nella loro «veste individuale»[34]. Differenti nella loro natura e composizione, tali due organismi hanno tuttavia in comune una costante mancanza di efficacia.

Nel primo caso, trattandosi di una commissione politica i cui componenti operano inevitabilmente seguendo le istruzioni dei propri governi, la cosa non può sorprendere. Sia che essa adotti, per mettere in luce i casi di violazione e spingere i paesi sotto esame ad eliminarli, la procedura "confidenziale", vale a dire di un'indagine – almeno in teoria – a porte chiuse; sia che adotti quella di un dibattito pubblico; sia, infine, che scelga l'approccio "tematico", della nomina di un *rapporteur* incaricato di scoprire, ovunque sia, un determinato tipo di comportamento illecito, i suoi risultati sono, a dir poco deludenti. Come – nel 1992 – mette in luce Philip Altson, uno dei piú acuti studiosi di questi problemi, quando, senza mezzi termini, scrive: «Dai dati che sono disponibili, appare chiaro che il "dialogo" che si sviluppa è di solito uno sfacciato mercato delle vacche [*unadulterated horse-trading*], piuttosto che un'inchiesta approfondita sui fatti e la richiesta di una convincente risposta. Coloro che hanno osservato la procedura nella sua pratica, hanno notato che il livello del dibattito nelle sessioni a porte chiuse è talvolta abissalmente basso, e rivela che le delegazioni hanno fatto poca, o nessuna, seria preparazione»[35].

Tale bilancio, inoltre, diventa ancora piú negativo se, al modo di funzionare di tale organo, si aggiunge il criterio con cui si opera la selezione dei paesi da porre sotto esame: perché – come scrive sempre Altson – «le grandi potenze (come gli Stati Uniti, l'Urss, la Cina, l'Inghilterra e la Francia) e le maggiori potenze regionali (come il Brasile e l'India) hanno sempre goduto di un alto grado di immunità, dovuto alla loro capacità di pressione sia economica che politica. Il caso della Cina, nel 1990, quando nessuno Stato fu pronto a presentare una molto dubbia e annacquata risoluzione [di condanna nei suoi confronti], mette in luce in modo molto chiaro questo riprovevole fenomeno»[36].

Scartata la Commissione dei diritti umani come possibile protagonista di un tentativo imparziale di assolvere un compito cosí delicato, rimane da chiedersi se, quando la parola passa al secondo soggetto incaricato di favorire, e possibilmente imporre, il rispetto dei diritti umani, vale a dire il Comitato nato dal Trattato Iccpr (che, come si è visto, è in teoria formato non da funzionari governativi, ma da eminenti studiosi e personalità morali, sulla base delle loro conoscenze e non del loro legame con una determinata parte politica), le cose vadano in modo diverso e migliore. Ma anche in questo caso la risposta è negativa. Per una serie di ragioni diverse: che, in modo molto sintetico, si possono enumerare nel modo seguente:

1. Il testo stesso del Trattato è, in molti suoi aspetti essenziali, "opaco"[37], in primo luogo perché, al momento della sua stesura, è stato solo attraverso il mantenimento di una serie di ambiguità che si è potuto giungere ad un compromesso tra posizioni ed interessi contrapposti[38].

2. Gli Stati, che sarebbero tenuti ad inviare periodicamente i loro rapporti, tendono a non farlo: fenomeno che, invece di diminuire, è andato aumentando con il passare degli anni[39].

3. Anche nel caso di Stati che abbiano sottoscritto un *optional protocol* (un protocollo facoltativo, che aumenta i poteri della Commissione), le osservazioni critiche fatte dalla Commissione – in risposta ad un rapporto inviatole – «non hanno

valore vincolante, e non possono essere imposte» perché «non c'è nessuna clausola che stabilisca il preciso effetto legale di [tali] pareri o dica che cosa dovrebbe accadere nel caso che la loro richiesta ad uno Stato di compiere una determinata azione venga ignorata»[40].

4. Il Comitato non è un organismo permanente. Al contrario, esso «si riunisce tre volte l'anno, in ciascun caso per un periodo di tre settimane, [mentre] i suoi gruppi di lavoro si riuniscono una settimana prima dell'inizio di ogni sessione di lavoro. Poiché gli emolumenti pagati dalle Nazioni Unite sono bassi, e il lavoro è solo part-time, i membri [del Comitato] hanno altre occupazioni, quasi a tempo pieno, e devono inserire [tale] loro lavoro in calendari già molto fitti di impegni»[41]. Altro elemento di debolezza è che il Comitato è privo di un segretariato e di un vero staff[42].

5. I membri del Comitato che, come si è visto, dovrebbero essere "esperti" indipendenti di chiara fama, in realtà sono spesso solo funzionari di governo[43].

6. Sebbene il Trattato, all'articolo 39 (2), fissi il principio delle decisioni a maggioranza, di fatto questo metodo è stato sempre scartato a favore di quello del "consenso": il quale, se ha sicuramente ridotto la possibilità degli scontri che hanno invece sempre caratterizzato l'attività della Commissione sui diritti umani, ha il chiaro svantaggio di favorire «i compromessi, lo smussamento delle posizioni, e l'incapacità di fare scelte audaci» e quindi produce inevitabilmente «una grande quantità di accordi sottobanco [*a lot of give and take*]»[44].

Riassumendo queste osservazioni – tutte tratte da un testo di alto valore, quale è il volume *International Human Rights in Context*, che riunisce e mette a confronto le valutazioni dei maggiori giuristi internazionali – lo spettacolo a cui ci si trova di fronte è, insomma, quello di una enorme, incessante attività, da parte di innumerevoli organi e gruppi di lavoro, i quali finiscono spesso per intralciarsi nei loro stessi movimenti, e crescono su loro stessi quasi per generazione spontanea (Anne Bayefsky, una giurista canadese, usa il termine *mushrooming*, "nascere come funghi")[45], senza che nessuno abbia la volontà o la capacità di eliminarli, anche perché ciascuno di loro raccoglie immediatamente intorno a sé un preciso insieme di *vested interests*[46]. Per cui del tutto giustificata appare la valutazione complessiva a cui giunge Dominic McGordick in conclusione del suo volume dedicato ai primi quindici anni dell'Iccpr Committee.

«È difficile – scrive McGordick – fornire una prova fattuale che l'esistenza del Trattato e il lavoro del Comitato stia avendo un effetto concreto e positivo sulla posizione dei diritti umani negli Stati che vi partecipano. Al tempo stesso, però, molti dei rappresentanti degli Stati che sono apparsi davanti al Comitato hanno affermato che il Trattato e il Comitato hanno svolto un importante ruolo al livello nazionale. Sarebbe [quindi] immensamente utile se il Comitato potesse catalogare e riprodurre queste affermazioni, unendole ad una precisa documentazione della parziale o totale attuazione del Trattato a livello nazionale e del modo in cui, ad esempio, il Trattato e l'azione del Comitato sono state prese in considerazione nelle assemblee legislative, nelle decisioni del potere esecutivo e nei provvedimenti giudiziari e amministrativi»[47].

Un giudizio molto pesante, ma che non appare destinato a migliorare se allarghiamo il nostro campo di osservazione e, passando dal tema specifico del funzionamento della Commissione dei diritti umani e del Comitato Iccpr (il cui Trattato, ed è importante ricordarlo, è vincolante, almeno teoricamente, solo per gli Stati che lo hanno firmato – che sono due terzi di quelli presenti alle Nazioni Unite – e non per gli altri, i quali non hanno nessun obbligo di aderirvi) spostiamo lo sguardo all'obiettivo di fondo che, attraverso questi due strumenti, si cerca di perseguire: vale a dire la nascita di una scena internazionale in cui la vita di ogni uomo possa essere, in tutti i sui aspetti, piú garantita. Perché allora la conclusione a cui si è tentati di giungere è che è proprio questo enorme moto perpetuo burocratico, capace di generare la falsa impressione di uno sviluppo verso il meglio, a fornire la piú efficace forma di copertura alle continue violazioni dei diritti umani. La «ambigua ampiezza del campo di azione» attribuito a tali diritti – nota infatti acutamente Andrés Ollero Tassara – non solo fa sí che, in generale, essi «vengano riempiti [...] dei piú disparati interessi di gruppo, dando luogo ad una perniciosa "politicizzazione" dei fondamenti della convivenza»[48], ma specialmente favorisce il fenomeno a cui poco prima si è accennato: vale a dire la sostanziale e costante “immunità” da ogni esame e da ogni critica di cui godono non solo i cinque membri permanenti del Consiglio di sicurezza e le “grandi potenze regionali”, ma anche tutti i loro rispettivi “amici”, satelliti, e vassalli.

Questa constatazione non elimina, naturalmente, il fatto che nella lista dei violatori dei diritti umani che riescono a sottrarsi ad ogni esame e ad ogni condanna figurano anche una serie di paesi del Terzo e Quarto mondo: infatti, dove il favoritismo è la regola, ognuno si arrangia come può. Ma la presenza di queste furbizie e di questi inganni da parte dei “piccoli”, su cui continuamente insistono coloro che cercano in tutti i modi di ridurre le responsabilità del Primo mondo, non cambia la sostanza della situazione[49]. Il cui criterio direttivo sembra l'esatto opposto di quello che ispirava l'impero romano: non *parcere subiectis, debellare superbos*, ma il suo rovesciamento: *parcere superbis, debellare subiectos*.

Gli scomparsi del Kashmir

Al fine di evitare che la valutazione, appena data, dell'azione dell'Onu nel campo dei diritti umani, possa apparire troppo radicale o troppo perentoria, è probabilmente opportuno fare riferimento ad una situazione concreta.

All'inizio degli anni '90, l'opinione pubblica mondiale comincia a ricevere notizie sempre piú circostanziate sulla brutalità dei metodi con cui il governo di Nuova Delhi sta cercando di reprimere una rivolta popolare cominciata in Kashmir, dopo la fine del conflitto tra India e Pakistan del 1989 (che aveva confermato il controllo indiano su questa regione: la quale, sebbene in larghissima maggioranza mussulmana, era stata divisa in due nel corso della guerra scoppiata al momento della fine del regime coloniale inglese). I racconti che giungono in Occidente parlano, in particolare, di azioni di rappresaglia, compiute sia dall'esercito che da forze paramilitari, che comprendono anche rapimenti in massa di persone, molte delle quali vengono poi ritrovate morte, dopo essere state torturate.

Il governo indiano risponde negando con indignazione il fondamento di tali accuse e dicendosi in tutti i casi pronto ad aprire un inchiesta. E, in effetti, nell'ottobre del 1993, affida tale compito ad una sua commissione espressamente incaricata di prevenire le violazioni dei diritti umani. In primo luogo a causa della limitazione dei suoi potere di indagine, i suoi risultati sono però deludenti. A questo punto, quindi, il problema torna davanti alla Commissione dei diritti umani: la quale, benché il suo *rapporteur* confermi la sostanza delle denunce, non prende nessuna iniziativa.

Si arriva cosí all'autunno del 1994. Alla vigilia dell'apertura della nuova sessione dei lavori dell'Onu, Amnesty International pubblica un suo rapporto in cui documenta la morte, a partire dal 1989, di 715 persone, molte delle quali erano state prima torturate. Ad una riunione della Commissione per i diritti umani, la signora Benazir Bhutto, allora primo ministro pakistano, chiede quindi che venga votata una risoluzione di condanna. Ma – ed usiamo qui le parole con cui *The Economist* commenta tale avvenimento – «molti paesi che erano o amici dell'India, o avevano qualcosa da nascondere, resero noto che avrebbero votato contro. La Cina e l'Iran (che pure sono amici del Pakistan, ma hanno molto da nascondere) persuasero il Pakistan a "rinviare" la richiesta di una risoluzione. In India, il fatto che il governo era riuscito ad evitare una censura fu presentato come un trionfo sulle prime pagine dei giornali. Poiché la Commissione dell'Onu sui diritti umani si era astenuta dal condannare la brutalità dell'India in Kashmir, essa l'aveva infatti, con il suo silenzio, legittimata»[50].

In modo molto appropriato, *The Economist* intitola questo suo editoriale «Abuse of Human Rights Commission»: «La Commissione per la violazione dei diritti umani».

La svolta dell'89 e quella dei diritti umani

Con l'episodio che si è ritenuto utile ricordare, ci siamo già spinti alla meta degli anni '90. Per riprendere il filo del nostro discorso è però ora necessario fare un passo indietro di alcuni anni: al momento in cui noi tutti, in parte increduli e in parte stupefatti, abbiamo assistito – si può davvero dire "in diretta" – al crollo dell'impero sovietico, e, di conseguenza, alla scomparsa del sistema mondiale di carattere bipolare, con cui avevamo per quasi mezzo secolo convissuto.

Il fatto che il deperimento dell'Urss come effettiva superpotenza fosse diventato, da qualche tempo, sempre piú evidente, e che, in parte proprio per questo, la guerra fredda si fosse in qualche misura depotenziata, non toglie nulla né alla eccezionalità di tale evento, né alla portata delle sue conseguenze. Tra le quali una delle piú rilevanti riguarda proprio i diritti umani.

Se osserviamo piú da vicino il mutamento che avviene in quel periodo ci accorgiamo che le sue facce sono due. Da un lato, il nostro pianeta si presenta, per la prima volta, come politicamente omogeneo: non, ovviamente, nel senso che, almeno in germe, si sia creata al suo interno una società cosmopolitica, in cui gli Stati abbiano cominciato a rinunciare ad una parte della loro sovranità, o che si sia ridotta la forza e la capacità di aggregazione delle diverse identità culturali (perché, anzi, il fenomeno a cui si assiste è quello opposto, della nascita di una serie di micronazionalismi), ma nel senso che nessuno di tali soggetti politici ha piú la volontà e la possibilità di richiamarsi ad una ideologia che si differenzi e si contrapponga a quella, ormai universalmente prevalente, liberal-democratica e liberista.

Dall'altro vi è che tale situazione si colloca in uno sfondo materiale profondamente nuovo: quello della totale "unificazione", e quindi del "restringimento" del nostro mondo[51]. Fenomeno che, se vogliamo, ha un inizio molto lontano, nel momento in cui Colombo, sbarcato in America e pensando di essere giunto nelle Indie, esclama «il mondo è piccolo»[52]. Ma che, con l'intensificarsi degli scambi e il reciproco riconoscimento tra i diversi Stati, caratterizza a tal punto l'epoca moderna da far sí che, alle menti piú percettive, esso si presenti come un fatto ormai compiuto già nel periodo tra le due guerre mondiali («il tempo del mondo finito comincia» scrive Paul Valéry all'inizio degli anni '30)[53]; e che ora, anche grazie alla globalizzazione economica (che tuttavia ne è solo un aspetto), acquisti, anche per la coscienza comune, l'evidenza di un dato indubitabile.

In un contesto cosí definito – una unità planetaria ormai consolidata e una mancanza di contrapposizioni ideologiche – l'impressione di molti è che il momento non solo della proclamazione dei diritti umani ma della loro realizzazione (un «nuovo ordine mondiale») sia giunto. In realtà, ciò che avviene è tuttavia esattamente il suo opposto. Vale a dire che è soltanto ora che, per la prima volta, ci si comincia davvero ad interrogare su che cosa essi davvero siano e possano essere. E che, di conseguenza, si ponga seriamente il problema sia del loro *fondamento*, sia della loro *universalità*, e sia, infine, della possibilità di una loro *attuazione*.

II. Il fondamento e l'universalità dei diritti umani

Durante l'intero periodo che abbiamo indicato come quello della "latenza" dei diritti umani – tutti gli anni '50 e '60, ma anche, sia pure in misura minore, il ventennio successivo – l'esigenza di definire con precisione gli aspetti "qualitativi" di tali diritti – in primo luogo il loro fondamento e la loro universalità – veniva percepita, spesso perfino al livello teorico, in modo molto limitato. A giudizio di molti, a dare una risposta a tale domanda poteva infatti bastare la constatazione che essi erano entrati ormai a far parte del bagaglio culturale, o almeno del linguaggio collettivo, dell'umanità; o, se si voleva andare un poco oltre, che la loro presenza era stata incquivocabilmente sanzionata dall'approvazione, da parte dell'Assemblea generale delle Nazioni Unite, di una «dichiarazione universale» che li riguardava.

Tale impostazione, tuttavia, poteva essere considerata sufficiente solo fino a quando i diritti umani si presentavano come una nozione nel fondo secondaria, da essere usata come strumento negli scontri polemici tra i due schieramenti ideologici internazionali (quello liberal-democratico e quello comunista) o da essere posta al centro degli innumerevoli dibattiti alle Nazioni Unite. Mentre ha cominciato ad apparire sempre piú inadeguata nel momento in cui, venuta meno la contrapposizione tra i due blocchi, ed essendosi nel frattempo profondamente trasformata la composizione della scena internazionale (con ormai quasi duecento Stati, tutti, almeno teoricamente, sovrani) si è diffusa la speranza che proprio essi potessero costituire il punto di riferimento capace di dar vita ad una diversa, e migliore, forma di convivenza planetaria. Per svolgere un simile compito, era infatti indispensabile che le loro radici, la loro legittimità, la loro portata, e infine la loro necessità, venissero affermate con una forza decisamente maggiore.

Il problema del fondamento

Il mondo come comunità

Molti anni fa, esattamente nel 1965, Norberto Bobbio (proprio a dimostrazione del fatto che anche nel periodo di latenza dei diritti umani non tutti avevano rinunciato ad interrogarsi sui loro aspetti teorici) scrisse un breve saggio, intitolato appunto *Sul fondamento dei diritti dell'uomo*: che rimane uno dei suoi scritti migliori. E nel quale, dopo aver premesso che «"diritti dell'uomo" è una espressione molto vaga»[1] (ma su questo punto torneremo piú avanti), fa alcune precisazioni che, ancora oggi, appaiono indispensabili.

La prima è che, se è comprensibile che, per «giustificare la scelta» dei diritti umani ci si ponga il problema di un loro «fondamento assoluto ed irresistibile», è anche vero che, cosí facendo, ci si abbandona ad una «illusione»[2]. I diritti umani – spiega Bobbio – sono infatti «una classe variabile» di esigenze e di richieste: come ci dimostra chiaramente la storia, nel cui corso si sono visti diritti dichiarati «sacri ed inviolabili» (come quello della proprietà privata, alla fine del Settecento), essere, dopo non molto, rimessi in discussione, ed altri un tempo inesistenti, come quelli di natura economica e sociale, acquistare, mano a mano, una rilevanza sempre maggiore[3]. Da cui la conclusione che «non si vede come si possa dare un valore assoluto a diritti storicamente relativi»[4].

Ma vi è perfino qualcosa di piú: e cioè che «oltre che indefinibile e variabile, la classe dei diritti dell'uomo è anche eterogenea»: perché non solo alcuni di loro (ad esempio, quello di non essere torturati o fatti schiavi), appaiono piú importanti di altri, ma anche perché quegli stessi che vengono inclusi nella medesima dichiarazione, si dimostrano spesso incompatibili tra loro. Come avviene nel caso dei «diritti individuali che consistono in *libertà*, e dei diritti cosiddetti sociali che consistono in *poteri*»: i primi dei quali richiedono sostanzialmente allo Stato di astenersi da certi comportamenti, mentre i secondi gli impongono invece di intervenire per dar loro attuazione[5]. Col risultato – conclude Bobbio – che, se si vuol essere chiari, «non si dovrebbe parlare di fondamento, ma di fondamenti dei diritti dell'uomo, di diversi fondamenti, secondo il diritto le cui buone ragioni si desidera difendere»[6].

Fatta questa precisazione, è però vero che, sia pure in tale forma piú circoscritta e storicamente collocata, il problema di dare una giustificazione ed una legittimità a dei criteri che, anche dal punto di vista politico e psicologico, hanno ormai acquistato una valenza eccezionale, seguita a rimanere presente: in altre parole, che ognuno di noi non può fare a meno di chiedersi perché, da alcuni decenni, i diritti umani, anche se talvolta in modo ambiguo e distorto, sono diventati, per l'intera opinione pubblica mondiale, un punto costante di riferimento, fino a presentarsi quasi come una sorta di *Zeitgeist*, di nuovo "spirito del tempo".

E allora si può forse sostenere che a trovare una risposta può contribuire proprio il fenomeno a cui già in precedenza abbiamo accennato: quello del "restringimento" del nostro pianeta, vale a dire della nascita di un mondo in cui per la prima volta – a causa dell'annullamento di tutte le distanze e la caduta di tutte le paratie stagne – tutto, e non solo gli aspetti finanziari ed economici, si conosce e immediatamente si comunica, ed ogni situazione ed ogni avvenimento, senza piú restrizioni o limiti prevedibili, interagisce anche su quelli piú diversi e lontani. Nel senso che sembra legittimo affermare che proprio da questa immagine *fisica* di totale unificazione tende a svilupparsi spontaneamente, come suo naturale complemento *etico-giuridico*, quella di un "mondo uno", di un mondo cioè che cessa di presentarsi come "il luogo" in cui gli uomini – che seguitano a considerarsi come differenti, estranei, o perfino nemici – si trovano occasionalmente a vivere (o sono stati casualmente «gettati»), per assumere il carattere della "comunità", a cui tutti loro sentono di appartenere.

Questa tesi, per cui la legittimità (ideale) della visione dei diritti umani, e quindi il loro fondamento, non viene piú cercata in un dato incontestabile, quale la "natura perenne" degli esseri umani, ma piuttosto viene "costruita" partendo dalle loro attuali condizioni di vita e dal "messaggio" che essi potrebbero ricavarne, ha radici lontane di oltre due secoli. Visto che già Kant, nel suo saggio sulla *Pace perpetua*, poneva il problema della nascita di un "diritto cosmopolitico" esattamente in questi termini, quando scriveva: «Siccome in fatto di associazione dei popoli della terra [...] si è progressivamente pervenuti a tale segno che la violazione del diritto avvenuta in un *punto* è avvertita in *tutti* gli altri punti, cosí l'idea di un diritto cosmopolitico non è una rappresentazione fantastica di menti esaltate ma il necessario coronamento del codice non scritto [...] per la fondazione del diritto pubblico in generale e quindi per l'attuazione della pace perpetua»[7].

La seconda guerra mondiale, con le sue stragi e le sue aberrazioni etiche, contribuisce, in maniera decisiva al rilancio di tale tema. Ed ecco quindi che, pochi anni dopo la sua conclusione, Jacques Maritain – per fare solo qualche esempio – nel suo libro su *L'uomo e lo Stato*, colloca i diritti umani nel quadro di un mondo che «il progresso tecnico restringe e rende [sempre piú] interdipendent[e]»[8], e li presenta come «l'accordo pratico fra uomini che teoricamente si oppongono»[9]. Mentre Karl Jaspers, poco tempo piú tardi, indica come il criterio direttivo che, oggi piú che mai, si impone alla nostra coscienza, quello della «unità dell'essenza permanente dell'uomo», e aggiunge: «L'obiezione all'idea della unità, basata sulle innate, macroscopiche diversità di conformazione di individui e popoli [...] è falsa se intende affermare che vi è una diversità dell'essenza umana che raggiunge le radici ultime, una diversità di natura tale da scavare tra uomo e uomo un baratro invalicabile. Se è vero che, in ciò che appare immediatamente, si avvertono gli abissi che ci separano [e che spesso] l'indifferenza accompagna il passare dell'uno accanto all'altro, è altrettanto vero che non è trascurabile ciò che, assopito nel profondo, potenzialmente ci unisce. L'abbracciante resta la realtà al di là e al di sopra di tutta la realtà che si è fatta determinata»[10].

Nella sostanza, quindi, alla base della concezione di diritti umani, vi è «l'ideale platonico» (per usare un'altra espressione kantiana) della «unità morale» di tutti gli uomini. Ideale che acquista una nuova forma di attualità e di cogenza – in quanto naturale conseguenza e necessario contrappeso – nel momento in cui la totale unificazione del nostro pianeta, ed il suo effettivo restringimento, sembra esporre la sua vita collettiva a pericoli, fino ad oggi non immaginabili, di conflittualità e di disordine.

La "modern condition"

In qualche misura anche Jürgen Habermas si è mosso recentemente in questa stessa direzione: con alcune differenze, tuttavia, di non poca rilevanza.

La tesi di fondo che Habermas, sia pure tra ripetuti e faticosi distinguo, sostiene – in polemica con quella che egli definisce la «ermeneutica del sospetto»[11]: vale a dire la tendenza a presentare i diritti umani come una «egemonica presa di potere da parte di un predominante Occidente»[12] – è che «nella comunità cosmopolitica» in via di formazione[13], «sono soltanto i "diritti dell'uomo" – ossia norme giuridiche dal contenuto esclusivamente morale – a formare il quadro normativo»[14]. Naturalmente – aggiunge subito dopo – «con ciò non è ancora detto che la Dichiarazione dei diritti dell'uomo del 1948, promulgata dal relativamente piccolo numero di membri fondatori dell'Onu, possa riscuotere anche nel mondo multiculturale di oggi una interpretazione e una applicazione sufficientemente concordi»; cosí come è anche evidente che «neppure un consenso universale o mondiale sui diritti dell'uomo potrebbe rappresentare un equivalente in senso stretto della solidarietà *civica* nata nell'ambito nazionale»[15]. Egualmente, però, rimane a suo giudizio vero che, per cominciare ad operare «un *mutamento di rotta* in direzione di una politica interna mondiale pur nell'assenza di un governo mondiale»[16], sono proprio questi criteri, i quali si presentano «conform[i] alla sostanza normativa delle grandi dottrine profetiche e delle interpretazioni metafisiche affermatesi nella storia universale»[17], ad «offr[ire] l'unica base di legittimazione possibile, e da tutti riconosciuta, per una politica della comunità internazionale»[18].

Fatta questa premessa, Habermas affronta il problema centrale quando si chiede, «se la forma di legittimazione politica nata in Occidente possa risultare convincente anche alla luce di premesse proprie di altre culture»[19], e risponde che «questi *standard* [cioè i diritti umani] sono dovuti non tanto allo sfondo culturale della civiltà occidentale quanto al tentativo di rispondere alle sfide specifiche della modernità, che ha conosciuto nel frattempo una diffusione globale». Per cui la sua conclusione è che, nella sostanza, è sufficiente «la condizione moderna – *the modern condition* – [la quale] può venire giudicata in modi diversi, ma ci si impone come un fatto che né abbisogna né è capace di una giustificazione normativa», a spiegare la nascita dei diritti umani, e ad attribuire loro legittimità: e questo perché le «altre culture e [le] altre religioni universali si trovano oggi di fronte alle sfide di questa modernità sociale, in modo simile all'Europa, quando essa "inventò" in certo qual modo i diritti dell'uomo e lo Stato costituzionale democratico»[20].

È tuttavia proprio tale impostazione – non tanto per la centralità attribuita alla *modern condition* quanto per la portata di quelle che vengono considerate le sue inevitabili ripercussioni al livello globale – che può suscitare non poche perplessità. Tra le quali tre appaiono le piú rilevanti.

La prima è che pensare che tutti i paesi del mondo, molti dei quali hanno culture non meno antiche e complesse della nostra, siano destinati – a causa del loro inserimento, peraltro parziale, nel processo di globalizzazione – a ripercorrere la stessa strada fatta dall'Occidente negli ultimi secoli, fino ad adottare *in toto* il suo orientamento giuridico è, al tempo stesso, arrogante (una sorta di "hegelismo anti-hegeliano") e superficiale[21]. Il quadro che abbiamo di fronte ci mette sotto gli occhi, infatti, una realtà molto meno lineare: e cioè che, seguendo l'esempio del Giappone (che già nel 1868, con la "restaurazione Meiji", si propose il doppio obiettivo di aprirsi alla industrializzazione di tipo occidentale, ma proprio al fine di mantenere intatte le proprie tradizioni), i principali Stati del Terzo e Quarto mondo tendono, specie negli ultimi due decenni, ad impedire che la loro "modernizzazione" acquisti il carattere di una indiscriminata "occidentalizzazione"[22].

Inoltre, questa obiezione appare particolarmente pertinente se si ricorda che i diritti umani non sono solo una serie di norme riguardanti la produzione e gli scambi, ma un insieme sicuramente piú complesso di prescrizioni etiche che riguardano interi assetti di vita: per cui, anche se si accettasse la tesi che «nel quadro di rapporti economici resisi globali, anche le società asiatiche devono impiegare il diritto positivo quale *medium* di regolazione»[23], non vi sarebbe nessuna ragione per trarne la conclusione che, unicamente per questo motivo, esse sarebbero obbligate a riconoscersi nella visione generale dei diritti umani (specie come essa è stata formulata dal prevalente potere politico occidentale). Con la conseguenza che passare immediatamente da una cosa all'altra, e pensare di poter dare alla seconda – i diritti umani – lo stesso fondamento puramente funzionale che si ritiene sufficiente per la prima, appare un'operazione del tutto ingiustificata.

Infine, ciò che non si può trascurare è che i diritti umani, invece di possedere una chiara connotazione giuridica, o essere almeno "bifronti", come sostiene Habermas («I diritti umani hanno il volto ancipite di Giano: simultaneamente rivolto alla morale e al diritto. A prescindere dal loro contenuto morale, essi hanno la forma di diritti giuridici»)[24] si presentano – nel momento attuale, e fino a quando non si collocheranno in uno sfondo internazionale profondamente diverso – essenzialmente quali semplici «espressioni di buone intenzioni, tutt'al piú di direttive di azione protese verso il futuro» (come nota giustamente Bobbio)[25]. E che quindi, proprio perché hanno tale natura, essi, oltre a possedere una capacità regolativa molto limitata, si trovano costantemente esposti al rischio di ogni forma di manipolazione e di strumentalizzazione.

Per cui, concludendo, l'aspetto positivo della impostazione di Habermas sta sicuramente nel collegamento che essa stabilisce tra i diritti umani e la novità rappresentata dalla totale unificazione del mondo. Mentre il suo aspetto negativo è che il "fatto" di tale unificazione – di cui, tra l'altro, si sottolineano esclusivamente gli aspetti economici – viene considerato come sufficiente a giustificare la visione dei diritti umani. Quando è invece vero che questo risultato può essere raggiunto solo se tale dato fisico viene letto come un "messaggio", cioè come un invito a trasformare il "mondo come luogo" in un "mondo come comunità". Trasformazione che presuppone anche una convergenza di ideali e di concezione di vita, oltre che di interessi.

Ed è quindi proprio di qui – dall'esigenza di un elemento di consenso – che si può partire per chiudere questo breve esame del problema del fondamento dei diritti umani. Per sostenere che, mentre sui contenuti concreti di questa visione le divergenze di opinioni sono ancora oggi molto profonde, per quanto riguarda, invece, la necessità di un simile criterio direttivo il passare dei decenni ha portato alla formazione di un accordo praticamente universale: visto che, da tempo, anche coloro che insistono sul carattere culturalmente contrassegnato – in senso eurocentrico – della formulazione e dei criteri di realizzazione dei singoli diritti[26], hanno cessato di contestarne, in quanto strumento regolativo di portata generale, l'utilità e l'importanza[27].

Essersi occupati del fondamento dei diritti umani, e aver messo in luce che esso non può avere una natura diversa da quella normativa e consensuale, è stato tuttavia tutt'altro che inutile. Perché solo cosí si può evitare di farne un uso partigiano e strumentale, vale a dire diametralmente opposto alla loro ispirazione profonda. La quale è appunto quella di cominciare a dare una prima forma di espressione all'"ideale" dell'unità – anche etico-giuridica – del nostro pianeta, e non quella di porre le basi per la dominazione, al suo interno, di una parte sull'altra.

Il bivio tra il "prossimo allargato" e il razzismo

Infine, e prima di terminare con questo tema, una precisazione. E cioè che, mentre appare legittimo sostenere che i diritti umani sono strettamente legati al restringimento del nostro pianeta, nel senso che in un mondo a tal punto unificato anche il nostro concetto di "prossimo" – che ci è stato insegnato ad "amare come noi stessi" – appare destinato a mutare e ad allargarsi (fino a includere non piú soltanto i nostri amici o i nostri coinquilini, ma tutti coloro che ci circondano), è bene non dimenticare che questa è solo una delle due ipotesi di sviluppo che si possono ricavare da questo mutamento di natura concreta. Perché – ed i fatti di ogni giorno si incaricano di ricordarcelo – altrettanto, o piú, realistica se ne presenta una di carattere del tutto opposto: vale a dire quella di un aumento delle insofferenze reciproche, della chiusura in identità collettive sempre piú ristrette, infine dell'odio[28] e del razzismo.

A bloccare la messa in moto di un simile meccanismo perverso, non può essere sufficiente la sola presenza di una crescente condizione globale di interdipendenza. Al contrario di quanto spesso si ripete, il costante accrescersi dei collegamenti e dei reciproci condizionamenti, l'essere consapevoli che la nostra esistenza può essere influenzata, in molti suoi aspetti anche essenziali, dagli altri, se non è accompagnata e controbilanciata da un senso comune di appartenenza, non ha infatti, di per sé, il potere di favorire la nascita di un clima di collaborazione e di reciproca fiducia. Perché, anzi, è vero esattamente il contrario: e cioè che, in mancanza di tale dato emotivo e di un potere centrale di controllo, la percezione di una vicinanza fisica e di una interdipendenza tende fatalmente ad aumentare la possibilità di incomprensioni e di scontri[29].

Ed è appunto questo il bivio che la nostra epoca, e ciascuno di noi, sembra avere di fronte. O riuscire ad arrivare ad una diversa forma di convivenza collettiva globale: della quale la visione di diritti che accomunano e pongono sullo stesso piano tutti gli uomini può essere sicuramente considerata come il *signum prognosticum*, l'indicazione allusiva del cammino da percorrere. Oppure scivolare inevitabilmente verso forme di intolleranza e di conflittualità sempre piú capillari e diffuse. Ma su questo problema torneremo piú avanti.

Il problema della universalità

L'etnocentrismo occidentale

La "universalità" – e lo si è già accennato – appartiene ai diritti umani per definizione: in quanto attribuzioni che spettano all'uomo in generale, essi non possono, infatti, essere altro che universali, beninteso nel senso di "mondiali" o "planetari". In quale modo, tuttavia, riuscire ad ottenere che a questo aspetto formale, e aprioristico, ne corrisponda uno sostanziale, vale a dire che essi si presentino in maniera tale da far sí che tutti gli uomini li possano sentire e riconoscere come propri?

Il primo passo da compiere per iniziare l'esame di tale tema è sicuramente quello di prendere atto che il problema a cui si è appena accennato – quello della necessità di fornire una giustificazione credibile del valore universale dei diritti umani, non in quanto nozione astratta, ma quale insieme di prescrizioni concrete – di fatto, fino a poco tempo fa, ben raramente si è posto: o, se è stato posto, è stato immediatamente accantonato. Ovviamente, nessuno ignorava – anzi molti costantemente ripetevano – che la spinta emotiva alla formulazione di un codice diretto a garantire le libertà essenziali e la dignità intrinseca di tutti gli uomini era venuta da un evento traumatico tipicamente occidentale, quale il genocidio nazista, collocato nello sfondo della seconda guerra mondiale. Cosí come tutti erano anche consapevoli che la Dichiarazione approvata dall'assemblea generale dell'Onu nel dicembre del 1948 era stata il frutto di un dialogo e di uno scontro che si era sostanzialmente svolto tra i due blocchi in cui era allora diviso l'Occidente. Ciononostante, il pregiudizio etnocentrico, sulla posizione assolutamente preminente, non solo dal punto di vista politico-militare-economico ma anche da quello spirituale, della nostra parte del mondo, era cosí forte, da portare gran parte dei suoi abitanti a dare per scontato che sia i princípi che i criteri di applicazione che la loro cultura aveva elaborato dovessero essere spontaneamente adottati da tutti

È stato quindi solo negli ultimi due o tre decenni che questa impostazione ha cominciato ad essere, non diciamo superata (perché infiniti aspetti della realtà di ogni giorno dimostrano che tale "superamento" non vi è stato), ma almeno in parte modificata. A spese, però, di un dibattito che spesso ha assunto aspetti paradossali.

Che sul nostro pianeta esista una diversità di "culture" o di "civilizzazioni" – intese come «un modo di nascere, di vivere, di amare, di sposarsi, di pensare, di credere, di ridere, di nutrirsi, di vestirsi, di costruire le case, di raggruppare i campi, di comportarsi gli uni nei confronti degli altri» secondo la definizione di Braudel[30] – è un fatto che non può – o almeno non dovrebbe – essere contestato. Cosí come non dovrebbe essere contestato che alla base di ciascuno di questi corpi collettivi vi sia una serie di dati mentali ed emotivi, cioè di "equazioni interne" specifiche: che, comuni a tutti coloro che vi appartengono, risultano invece estranee, e spesso incomunicabili, a coloro che si collocano al suo esterno (come dimostra la non "travasabilità", da una cultura all'altra, di certe parole o nozioni che, nel loro contesto originario, hanno un'importanza fondamentale: si pensi, nel caso di noi occidentali, alla intraducibilità del concetto cinese di Tao, o di quello indiano di Dharma).

L'idea di un'unica "umanità" – che sul piano fisico trova un sostegno nel fenomeno nella «interfecondità completa e senza limitazioni» tra tutte le popolazioni del nostro pianeta, di cui parla Cavalli Sforza[31] – su quello spirituale o psicologico, sembra, insomma, essere affidata esclusivamente al fatto che, al di là delle tante differenze di ogni tipo, rimane vero che tutti questi grandi organismi mentali collettivi hanno in comune alcune percezioni fondamentali: la piú importante delle quali è quella dell'esistenza di "un" bene e di "un" male, di "un" giusto e di "un" ingiusto. Mentre il resto dipende unicamente da quella scelta etica a cui, poche pagine fa, si è fatto riferimento attraverso le parole di Jaspers: e che consiste nella convinzione che ciò che, esteriormente, fa apparire gli esseri umani diversi debba essere giudicato come del tutto secondario nei confronti di ciò che li rende simili ed eguali.

Tuttavia, è stata proprio la accettazione della presenza di un quadro cosí variegato che – perfino a dispetto della esistenza, ormai da quasi due secoli, di una scienza, o almeno di un campo di ricerca dedicato appunto a studiarlo: l'antropologia culturale – nel dibattito sui diritti umani, si è ripetutamente cercato di negare. Tutto, cioè, doveva essere riportato ad una sola matrice, quella occidentale: o meglio quella occidentale attuale, visto che non poche cose – orientamenti, costumi, pregiudizi – che troviamo oggi in altre culture sono identiche a quelle che noi stessi, fino a non molti decenni fa, abbiamo condiviso. Con la conseguenza che i diritti umani seguitavano ad essere definiti universali, ma, in realtà, erano considerati tali solo nel senso che tutti erano tenuti a rispettarli, ma non in quello che tutti potevano intimamente condividerli. Una situazione contraddittoria che, nel corso degli anni – ed in parte ancora oggi – è stata puntellata facendo ricorso ai piú singolari artifici dialettici. Il piú vistoso dei quali è la polemica sui "valori asiatici".

I "valori asiatici"

Questa espressione ha un'origine essenzialmente difensiva. Coloro che da tempo vi hanno fatto ricorso – che sono stati i rappresentati di molti paesi del Terzo e Quarto mondo: anche se non necessariamente collocati in Asia – si proponevano infatti, in tal modo, di ancorare a qualcosa di specifico le loro recenti e spesso incerte identità nazionali, al fine di impedire che esse potessero essere indebolite o sgretolate dal potere soverchiante – ingigantito dalla globalizzazione – degli Stati del Primo mondo. Solo in seguito anche questi paesi l'hanno adottata: e hanno cominciata ad usarla, nel contesto del dibattito sui diritti umani, proprio con lo scopo di mettere in luce, e sotto accusa, un orientamento che considerano limitativo della affermata "universalità" di tali criteri.

La prima cosa che, in proposito, appare opportuno notare, è il suo carattere fortemente approssimativo. Le differenze che corrono tra la cultura occidentale e quelle che le si contrappongono non dipendono infatti, in primo luogo, dal fatto che "noi" e gli "altri" – prendendo questi due termini nel loro senso piú lato – ci ispiriamo a princípi generali del tutto differenti: visto che nessuno ad Est esalta la bellezza della schiavitú o nega, specie dopo il crollo del comunismo, la libertà di movimento e perfino di parola, e nessuno, ad Ovest, sostiene che ogni individuo può fare tutto ciò che vuole senza prestare alcuna attenzione alle esigenze della comunità in cui vive (perché, se una simile contrapposizione frontale esistesse non si vedrebbe in che modo potremmo seguitare a dialogare tra noi, a comprenderci e perfino a leggere gli stessi romanzi). Ciò che ci separa, e ci rende talvolta molto diversi, è, piuttosto, una differenza di quella struttura collettiva inconscia che va sotto il nome di "mentalità" o di "sensibilità"[32], e che determina il modo in cui noi spontaneamente percepiamo ciò che ci accade, e ci rapportiamo a certe situazioni ricorrenti.

È insomma qui, a questo diverso livello, che una divaricazione profonda, anche se non precisamente definibile e non del tutto immutabile nel tempo, appare molto chiara. Divaricazione che – con quel tanto di approssimazione che in questi casi è inevitabile – si può indicare dicendo che tutti gli "orientali", anche i piú economicamente sviluppati (come i giapponesi), hanno, sia pure con talune gradazioni, un orientamento di vita non individualistico, o molto meno individualistico del nostro. E che di conseguenza – per limitarci al tema che ci interessa – i diritti di cui un individuo gode non sono per "loro", come sono invece per "noi", una sua dotazione originaria, ma piuttosto la conseguenza del suo inserimento organico in un contesto piú vasto: il quale è, contemporaneamente, la sua comunità e l'intero cosmo. Come appare chiaro da queste frasi, che leggiamo in una lettera scritta nel 1947 da Gandhi a Julian Huxley, in risposta all'iniziativa dell'Unesco (a cui si è già accennato) di invitare un gruppo di "saggi" ad esprimere il loro giudizio sulla preparazione della Dichiarazione universale del 1948: «Ho imparato da mia madre, illetterata ma molto saggia, che tutti i diritti degni di essere meritati e conservati sono quelli dati dal dovere compiuto [...] Secondo questo principio fondamentale, è probabilmente abbastanza facile definire i doveri dell'uomo e della donna, e collegare ogni diritto ad un dovere corrispondente, che conviene compiere in precedenza. Si potrebbe mostrare che ogni altro diritto è solo un'usurpazione per cui non vale la pena di lottare»[33].

Impossibile, nel quadro del nostro discorso, affrontare, sia pure di scorcio, questo tema, sicuramente affascinante. Notare, ad esempio, come la figura archetipica dell'"eroe" abbia, nelle due mentalità, connotati diversi: che, da "noi", sono quelli del coraggio, della creatività, della autonomia, e anche, e forse specialmente, della solitudine, e presso gli "altri", quelli dell'umiltà, della pietà filiale, e del suo porsi in modo "adeguato" nei confronti del proprio contesto sociale[34]. O descrivere le tante differenze di comportamento che discendono da questa originaria diversità di impostazione mentale: ad esempio, il naturale sospetto degli "asiatici" per le contrapposizioni ideologiche, e la loro, altrettanto naturale, preferenza per le soluzioni di compromesso (un detto giapponese afferma che bisogna "pensare con la pancia" piuttosto che con la testa). Tendenza che molte volte ci spinge a giudicare le loro scelte come del tutto "irrazionali"[35].

Limitiamoci, quindi, a trarre da quanto appena detto solo una conclusione pratica: e cioè che ridurre – come fanno tanti nostri uomini politici, e anche non pochi studiosi ed intellettuali[36] – la differenza culturale tra "gli altri" e "noi" ad una semplice invenzione o trucco di ristretti gruppi dirigenti asiatici o africani, al fine di legittimare i loro regimi oppressivi e corrotti, è una grave banalità. Non perché non vi siano, nel Terzo e Quarto mondo, molti governanti autoritari che hanno cercato, e cercano, di giustificare in questo modo i loro riprovevoli comportamenti, ma perché tale dato incontestabile non elimina la presenza di un fenomeno dalle radici molto profonde: come dimostra il fatto che anche all'interno della nostra stessa cultura occidentale sono stati presenti, in passato, orientamenti fortemente "collettivisti" (la parola latina *privatus* indicava, infatti, non un pregio ma un difetto, di colui che era "privo" della giusta e necessaria integrazione nella sua società)[37], e che anche in tempi piú recenti non sono mai mancati coloro che – da Burke fino, almeno in parte, agli attuali "comunitaristi" – hanno sostenuto impostazioni non molto differenti.

La tesi che vuol ridurre le differenze di mentalità e sensibilità collettiva tra culture diverse ad una pura falsificazione, usata come strumento di potere da qualche aspirante dittatore, ha quindi esattamente la stessa validità di quella di chi, preso atto dell'aumento di traffici illeciti (dalla vendita di armi e di droga alla pedofilia), a cui ha dato vita l'apparizione di Internet, volesse spiegare in questo modo la straordinaria diffusione di tale nuovo mezzo di comunicazione. È cioè la manifestazione di quella tendenza alla *reductio ad unum*, alla semplificazione dei fenomeni complessi, che rappresenta una costante tentazione della mente umana: che, tuttavia, è opportuno non accettare, ma combattere.

Il relativismo culturale e l'Olocausto

Contro l'accettazione del relativismo culturale (brutta espressione, che sarebbe meglio evitare, e parlare piuttosto della costante necessità, in ogni valutazione, di un "inquadramento" sia storico che culturale), viene tuttavia formulata anche un'altra obiezione, di carattere pratico, che si ricollega ad una frase di Lévi-Strauss: secondo cui, spingendo avanti tale criterio, si potrebbe perfino arrivare a giustificare l'Olocausto facendo riferimento a certi tratti particolari del popolo tedesco[38]. Tesi dietro alla quale non è difficile scorgere una fondata polemica nei confronti di un vecchio – ma ambiguo – detto, secondo il quale ad un "tutto comprendere" dovrebbe necessariamente corrispondere un "tutto perdonare" (mentre è evidente che "comprendere" può portare sia a perdonare che a condannare).

Nel caso che ci interessa, il timore di un simile equivoco – o di una simile mistificazione – ha tuttavia ben poco fondamento. L'esistenza sul nostro pianeta di varie impostazioni culturali non è stata infatti mai usata per giustificare, non diciamo il genocidio nazista, o lo sterminio in Cambogia o i massacri in Africa, ma, di fatto, nessun reato molto grave, pur se di entità minore, quale, per fare un esempio, la pratica delle uccisioni nei primi mesi di vita delle bambine in alcuni paesi asiatici: al punto che gli stessi governi che si macchiano di questo crimine o di altri simili, cercano non di "spiegarli" ma soltanto di nasconderli o di negarli. Mentre il peso delle condizioni ambientali, e degli sfondi culturali, viene chiamato in causa in comportamenti molto diversi: che anch'essi possono essere considerati riprovevoli, ma la cui natura specificamente "criminale" appare meno evidente. Come, per citarne un paio, il lavoro minorile dei fanciulli: sulla cui proibizione incondizionata – specie quando non acquista caratteri di schiavitú e si è di fronte a situazioni collettive di indigenza totale – si sollevano dubbi anche da parte di non pochi occidentali; o certi costumi legati alla condizione femminile, in cui riesce difficile separare nettamente l'aspetto di una diretta imposizione ambientale da quello dell'assenso personale a un determinato ethos collettivo. E nei confronti dei quali, in tutti i casi, il problema non è quello di condannarli, dall'alto di una propria pretesa purezza, ma di porre in atto gli interventi in grado di portare ad una loro eliminazione[39].

Introdurre in tale dibattito sicuramente complesso – perché si tratta di bilanciare, di volta in volta, il peso dei condizionamenti sociali e delle responsabilità personali – il riferimento ad un evento di gravità eccezionale ed emblematica, quale l'Olocausto, non serve quindi a nulla. O meglio, serve solo a rivelare in coloro che lo fanno – cioè non pochi esponenti del mondo politico ed intellettuale occidentale – la presenza di una chiara intenzione polemica. Di chi cioè, sentendosi superiore, e indenne da ogni colpa, ritiene di poter giudicare e condannare tutto. Ma che, cosí facendo, non solo indica di essere privo di quell'elemento di "simpatia umana" senza la quale il dibattito sui diritti umani tende costantemente a trasformarsi in un assurdo scambio di accuse, ma anche, e specialmente, dimostra la propria incapacità di comprendere un aspetto essenziale dell'attuale dibattito sui diritti umani. Come infatti scrive giustamente Oskar Schachter, «l'idea della dignità umana presuppone una concezione complessa dell'individuo. [Da un lato], include il riconoscimento di una distinta identità personale, che riflette l'autonomia e la responsabilità individuale. [Ma dall'altro] richiede il riconoscimento che l'io individuale è inserito in collettività piú ampie: le quali, quindi, devono essere anche loro prese in considerazione al momento di stabilire il significato profondo della dignità della persona»[40].

Dimenticare tutto questo per concentrarsi sulla controversa nozione dei "valori asiatici" non ha quindi senso. Mentre si può senza difficoltà trovarsi d'accordo con Louis Henkin: quando, dopo essersi polemicamente chiesto se il fatto che tanti paesi non occidentali insistono sulle loro differenze culturali «significa che essi vogliono rivendicare il loro diritto a torturare», risponde: «No: significa solo che essi vogliono sottolineare qualche cosa alla quale noi stessi dobbiamo prestare attenzione se vogliamo arrivare a dar vita a un "ideale realmente universale"»[41].

Uno sguardo a Dickens

Se tale conclusione – della giusta considerazione che, trattando dei diritti umani, va riservata alle diverse sensibilità e ai diversi costumi – appare di semplice buon senso, la realtà è, però, che essa si scontra con ostacoli psicologici quasi insormontabili. Basta infatti affrontare questo tema di fronte ad un pubblico occidentale per rendersi immediatamente conto che esso ha quasi sempre la straordinaria capacità di cancellare – in un unanime coro di irritazione e di indignazione per le arretratezze e le primitività del Terzo e del Quarto mondo – tutte le distinzioni: tra giovani e vecchi, contadini e professori di università, progressisti e conservatori, perfino tra reazionari e rivoluzionari. E la scoperta piú singolare è che nel calderone del nostro pregiudizio etnocentrico non vengono solo annullate le differenze tra le varie culture, ma vengono anche rimosse quelle interne alla nostra stessa tradizione: per cui al rifiuto del relativismo culturale si unisce, come incongruo compagno, anche la dimenticanza dei cambiamenti che porta con sé lo sviluppo storico.

L'Occidente di cui parliamo, per tesserne le lodi e vantarne la assoluta superiorità, diventa insomma, in tali dibattiti, solo quello attuale, mentre uno spesso velo di ignoranza viene gettato su tutto quello che riguarda il nostro stesso passato[42]. Ed ecco quindi che nessuno ricorda – per fare la lista piú casuale possibile – che anche nei nostri paesi il lavoro minorile è stato eliminato (come fenomeno di massa: perché in sacche, non tanto piccole, esiste ancora) unicamente negli ultimi cento anni; che Thomas Paine, nel 1791, venne incriminato per tradimento, in Inghilterra, per aver scritto un pamphlet su *I diritti dell'uomo*; che l'associazione degli operai in leghe e sindacati ha cessato di essere un crimine (contro l'esercizio di una piena libertà!) solo negli ultimi decenni dell'Ottocento; che il suffragio universale non si è diffuso in Europa occidentale prima del periodo a cavallo tra il XIX e il XX secolo (e in Italia solo nel 1946); che, a dispetto del liberalismo e della democrazia, le elezioni politiche hanno a lungo continuato (come rivelano i *rotten boroughs* inglesi e i "mazzieri" di Giolitti), ad essere una farsa; che le punizioni corporali – leggi frustate – sono state un costume immutabile ed ampiamente diffuso nelle scuole maschili fino ai primi decenni dal XX secolo, e spesso anche dopo la seconda guerra mondiale; che fino alla metà dell'Ottocento, i poveri, quando non venivano lasciati morire di fame per le strade, erano rinchiusi nei piú degradanti ospizi e manicomi, perché la miseria veniva considerata una colpa. O infine, e specialmente, che la pena di morte ha continuato per secoli ad essere usata a piene mani. E non solo per i delitti di sangue, ma per infiniti altri reati: che in Inghilterra, ancora nel 1826, erano oltre duecento. Tanto da ispirare a Charles Dickens questa straordinaria invettiva:

«Invero, a quell'epoca – scrive Dickens in *Racconto di due città* – condannare a morte era una ricetta molto in voga: la morte è il rimedio della natura per tutte le cose, e perché non anche della legislazione? Pertanto, il falsario era condannato a morte, lo spacciatore di una banconota falsa era condannato a morte; chi apriva illegalmente una lettera era condannato a morte; chi rubava quaranta scellini e sei penny era condannato a morte; il custode di un cavallo [...] che se lo portava via era condannato a morte; chi coniava uno scellino falso era condannato a morte; i suonatori dei tre quarti delle note dell'intera gamma del crimine erano condannati a morte. Non che non servisse minimamente come prevenzione – sarebbe valso quasi la pena di far notare che era esattamente il contrario – ma liberava (per questo mondo) del disturbo di ogni caso particolare e non lasciava [...] nient'altro di cui occuparsi»[43].

Se, consapevoli di tutto questo, riteniamo necessario superare il nostro doppio eurocentrismo (secondo cui non esistono reali differenze culturali, e anche se esistono non sono importanti, perché è solo la nostra cultura ad avere carattere universale), la conclusione a cui appare giusto arrivare è che la strada da imboccare per "costruire" un certo numero di criteri, e possibilmente di regole universali, non può essere altro che quella del dialogo. Il quale, però, per produrre effetti positivi, deve essere davvero tale: vale a dire non una falsa trattativa – come nell'ultimo mezzo secolo se ne sono viste a centinaia – in cui l'Occidente usa tutti i suoi infiniti mezzi di pressione per spingere i propri interlocutori a sottoscrivere un testo che essi non condividono e che quindi sono immediatamente decisi a ignorare, ma un «dialogo dialogico» – per usare un'espressione di Panikkar[44] – attraverso cui ognuno dei partecipanti, cercando di spogliarsi dei propri preconcetti e delle proprie emozioni particolari, e sforzandosi di vedere i problemi dal punto di vista degli altri, si proponga l'obiettivo di individuare i princípi ed i criteri – pochi, in un primo momento, e poi, forse, sempre piú numerosi – sui quali una vera intesa può essere trovata.

L'universalismo consensuale e i suoi limiti

Fissato tale quadro generale, si può tuttavia subito aggiungere che anche chi non è facilmente portato all'ottimismo non può fare a meno di notare che, almeno ad un livello intellettuale elevato, un accordo abbastanza vasto sembra essersi da alcuni anni formato intorno ad una impostazione di questo tipo. Scrittori e pensatori molti diversi tra loro per provenienza culturale ed orientamento pratico hanno infatti sottolineato che, se è vero che i diritti umani hanno come punto di riferimento «una teoria morale della natura umana»[45] (la quale, per il suo carattere "ideale", è fatalmente soggetta a interpretazioni discordanti), un risultato positivo, nella formulazione di criteri di riferimento universali, si può ottenere solo attraverso un confronto, ed un progressivo avvicinamento, dei rispettivi punti di partenza.

Per cui, se una femminista europea come Sabelle Gunning afferma: «Non ci sono degli "universali" che stanno lí, in attesa che li scopriamo, ma è solo attraverso il dialogo che valori condivisi possono diventare universali ed essere salvaguardati: essenziale [quindi] è un tono di rispetto per le diversità culturali, [perché] i popoli e le culture, nel momento in cui cominciano ad interagire, cambiano e imparano gli uni dagli altri»[46], un'opinione sostanzialmente convergente troviamo espressa da un intellettuale africano e islamico, come Abdullahi An Na'im, quando indica «un dialogo cross-culturale» come il mezzo attraverso cui dar vita ad un «processo di fissazione di princípi» comuni, e aggiunge che una volta che una simile «buona volontà [abbia preso] forma, allora anche persone come me avranno la possibilità di essere critici della propria tradizione, nella consapevolezza che altri saranno critici della loro»[47]. Mentre perfino un dirigente politico asiatico fortemente impegnato nella difesa dei "valori" della propria cultura, come Bilhari Kausikan, pur non rinunciando a sottolineare che «la Dichiarazione universale [dei diritti dell'uomo] è stata scritta da esseri mortali, [e] non è una delle tavole di Mosè portata giú dalla montagna», ammette che «tutte le regole internazionali devono evolversi attraverso un continuo dibattito tra diversi punti di vista, se si vuole che il consenso venga mantenuto»[48].

Infine, non troppo diverse, anche se sicuramente molto piú elaborate, sono le conclusioni a cui giunge un filosofo tedesco come Jürgen Habermas, quando scrive:

«Indipendentemente dal loro sfondo culturale, tutti i partecipanti sanno benissimo – sul piano intuitivo – che non potrà mai nascere nessun consenso fondato sulla convinzione finché tra i partecipanti alla comunicazione non sussistano relazioni di simmetria, vale a dire che attengano al riconoscimento reciproco, alla scambievole assunzione-di-prospettiva, alla disponibilità comune a considerare le proprie tradizioni anche con gli occhi di un estraneo, nonché ad imparare gli uni dagli altri, e cosí via. Su questo fondamento diventa possibile criticare non soltanto versioni selettive, interpretazioni tendenziose e applicazioni parziali dei diritti umani, ma anche quelle loro strumentalizzazioni vergognose che – dando copertura universalistica ad interessi particolari – hanno finito per fare credere che l'intero senso dei diritti umani fosse riconducibile al loro abuso»[49].

Preso atto di questa importante concordanza, non rimane altro che augurarsi che essa sia in grado di reggere alla prova dei fatti. E qui il dubbio riguarda innanzi tutto noi stessi: visto che l'esperienza dimostra che, tolleranti a parole, molti occidentali lo sono molto di meno quando si tratta di operare un'effettiva apertura ad opinioni e convinzioni realmente diverse. Inoltre, anche ammesso che tale ostacolo possa essere superato, è opportuno tener presente che l'impostazione dell'universalismo consensuale si scontra egualmente con due difficoltà.

La prima è costituita dal fatto che un risultato positivo è strettamente dipendente non dalla *quantità* del dialogo, ma dalla sua *qualità*. Persone che partono da punti di vista differenti possono infatti incontrarsi, e alla fine raggiungere un accordo, attraverso una serie di compromessi, grazie ai quali ognuno concede agli altri qualcosa, per ottenere da essi ciò che piú lo interessa. E tale metodo può anche riuscire utile in molti campi, da quello politico a quello commerciale. Applicato alla individuazione di un certo numero di diritti umani essenziali (i *core human rights*), esso rischierebbe invece di produrre effetti che, anche al di là della buona o cattiva volontà dei partecipanti, sarebbero senza dubbio disastrosi. Visto che la lista che ne verrebbe fuori sarebbe inevitabilmente un'accozzaglia di criteri e richieste eterogenee, inapplicabile, e priva anche di valore come punto di riferimento ideale.

Sempre in questo stesso filone si colloca, inoltre, un secondo aspetto problematico. In polemica con il metodo usato per formulare e scrivere la Dichiarazione universale del 1948, molti studiosi e uomini politici, specie non occidentali, hanno spesso sostenuto che una nuova Carta dei diritti umani non dovrebbe solo tener conto delle opinioni e delle aspirazioni dei governanti ma dovrebbe avere un carattere *grass-root*, rispecchiare cioè quello che pensano e sentono i cittadini in generale. Ed è questa un'esigenza indubbiamente fondata, ma anche di molto difficile realizzazione. Se non altro perché, come tutti ormai da tempo sappiamo, l'opinione pubblica – intesa come un corpo di valutazioni coerenti operate da un soggetto correttamente informato e capace di una riflessione razionale – è soltanto un'astrazione: o, se si preferisce, come sosteneva Walter Lippmann, un «fantasma»[50]. Per cui un sondaggio su questi temi che fosse esteso agli uomini e alle donne "della strada" rischierebbe di produrre risultati ancora piú deludenti di quello limitato ai rappresentati politici e agli esperti.

Quello a cui, in questo caso, ci si trova di fronte è insomma, ancora una volta, il dilemma di fondo della democrazia: la quale si presenta sicuramente come l'unico metodo legittimo per giungere alle decisioni che riguardano la collettività, ma che non è assolutamente in grado di garantire che, in tal modo, si giunga a scelte che – dal punto di vista sia della razionalità che della giustizia – possano essere considerate come giustificabili. Dilemma tanto antico da spingere, già quasi duemila e cinquecento anni fa, Platone ad affermare: «Non l'uomo, ma un dio deve essere misura di tutte le cose»[51].

Detto tutto questo, riconosciuti tali limiti e tali imperfezioni, rimane però chiaro che, nell'attuale contesto mondiale, l'unico universalismo legittimo e concretamente possibile può essere solo quello *consensuale*, formato attraverso un metodo *dialogico*. Per realizzarlo, tuttavia, è inutile pensare di potersi affidare unicamente ad espedienti tecnici. Al contrario è indispensabile essere consapevoli che ad esso si potrà arrivare solo lentamente, attraverso un ampio, costante, ed informale, scambio di giudizi e di opinioni: sia su ciò che la concezione dei diritti umani significa veramente, sia, e forse specialmente, su ciò che essa sicuramente non è, e non può in nessun caso essere. In modo da produrre un progressivo avvicinamento non solo dei punti di vista originariamente contrapposti, ma anche delle sensibilità e delle emozioni che li sottendono.

Mentre tale processo è, da alcuni anni, in corso, ed è ben lontano dall'essersi concluso, negli ultimi tempi l'attenzione collettiva, in primo luogo dei gruppi dirigenti e dei governi, si è tuttavia spostata sul terzo tema fondamentale dei diritti umani: quello della loro attuazione. O meglio delle forme, volontarie o coercitive, attraverso cui essi possono trovare una collocazione nella dialettica internazionale. Ed è di esso che, nelle prossime pagine, ci dovremo occupare.

III. L'attuazione dei diritti umani: lo sviluppo del diritto di ingerenza

Il terzo aspetto fondamentale dei diritti umani – quello della loro attuazione – è già stato affrontato di scorcio nel primo capitolo: quando si è descritto il modo, sostanzialmente superficiale e quasi sempre sbilanciato, con cui, a partire dagli anni '60, le varie commissioni e comitati dell'Onu esercitano il loro compito di supervisione in tale settore. A questo quadro tradizionale se ne è tuttavia ormai aggiunto, a causa del cambiamento prodotto dallo sgretolamento del sistema sovietico e della stessa Urss, uno nuovo e diverso. Perché, nel momento in cui, dall'inizio degli anni '90, ha preso forma una scena internazionale non piú spaccata in due da una radicale contrapposizione politica e ideologica, si è anche diffusa la convinzione che fosse finalmente divenuto possibile dar vita a un "ordine mondiale", basato, appunto, sui diritti umani. E che quindi, per la loro realizzazione, non si potessero piú ritenere sufficienti una serie di iniziative indirette, e spesso puramente verbali, ma fosse lecito, e perfino doveroso, procedere in maniere ben altrimenti immediate e concrete. Nasce cosí, per una sorta di germinazione spontanea, il concetto di "diritto umanitario di ingerenza": vale a dire di un diritto-dovere di intervenire, attraverso le frontiere, per difendere – e, se sono stati violati, per ripristinare – questa nuova categoria di libertà e di diritti.

Come ogni processo di tale tipo, anche questo ha avuto bisogno, per svilupparsi, di due elementi: vale a dire la presenza di un dato originario e il formarsi di una serie di circostanze favorevoli. Il dato originario è fornito dal fatto che appare semplicemente normale che un insieme di diritti che spettano indistintamente a tutti gli uomini, anche al di fuori della loro collocazione nazionale, siano dotati della capacità di imporsi senza limiti geografici: con la conseguenza che l'idea di una "ingerenza" in loro nome è connaturata alla loro stessa essenza e, nel fondo, non è altro che è un diverso modo di indicare, e di sottolineare, l'aspetto della loro validità universale. L'ambiente favorevole è costituito da una serie di grandi crisi internazionali, che si sviluppano nel corso degli anni '90.

Il risultato del confluire di queste due distinte componenti è, in tutti i casi, che, dopo essere stato evocato, prima in Irak, poco dopo in Somalia, piú o meno contemporaneamente in Bosnia, e infine in Serbia, il diritto di ingerenza tende, ormai da qualche tempo, a presentarsi a molti come un concetto consolidato, vale a dire entrato stabilmente a far parte del nostro panorama politico-giuridico. Rimane però da verificare se le cose stanno davvero cosí, se cioè a questa impressione diffusa corrisponde una effettiva realtà. E, per farlo, appare opportuno ripercorrere, sia pure nella maniera piú succinta, lo sviluppo e gli aspetti fondamentali delle crisi che abbiamo appena ricordato.

Le tre crisi dell'inizio degli anni '90

Irak

La crisi irachena del periodo 1990-91 può essere divisa in due fasi: temporalmente consecutive, ma politicamente ben distinte. La prima – che comincia nell'agosto del 1990 con l'invasione del Kuwait da parte delle truppe di Baghdad, e termina sette mesi dopo, con la conclusione vittoriosa della operazione "Desert Storm" – non è riconducibile alla impostazione dei diritti umani. Ciò a cui si assiste, infatti, è una guerra di tipo classico: in cui una coalizione di Stati, richiamandosi alla Carta dell'Onu che riconosce a tutti i suoi membri il diritto all'autodifesa, si schierano al fianco del paese aggredito, per aiutarlo a recuperare il proprio territorio e ristabilire la propria indipendenza. La seconda fase inizia nell'aprile successivo e, in apparenza, si colloca invece chiaramente nello sfondo della problematica dei diritti umani. Ma, appunto, solo in apparenza. E, per rendersene conto, è sufficiente riassumere brevemente i fatti.

Il primo passo di tale seconda fase viene compiuto il 5 aprile del 1991, con l'approvazione, da parte del Consiglio di sicurezza, della Risoluzione 668: che, al suo terzo paragrafo, «*insiste* perché l'Irak consenta che, in tutte le parti del [suo] territorio, le organizzazioni internazionali umanitarie abbiano immediato accesso a tutti coloro che hanno bisogno di assistenza». Di tale base si servono subito tre paesi occidentali – gli Stati Uniti, l'Inghilterra e la Francia – per organizzare l'operazione "Provide Comfort", diretta a creare, nell'Irak settentrionale, alcune zone di protezione (*safe havens*) per la popolazione curda: che, da sempre ma specie nelle ultime settimane, era stata sottoposta a costanti attacchi e persecuzioni da parte del governo di Baghdad. Nel presentare tale iniziativa, il presidente Bush sottolinea piú volte le preoccupazioni e le necessità "umanitarie" che giustificano l'impiego delle truppe americane. Mentre l'allora segretario generale dell'Onu, Pérez de Cuéllar, ne ricava anche lui la conclusione che «la difesa degli oppressi in nome della moralità deve avere la prevalenza sulle frontiere e i documenti legali»[1].

Definita in tal modo la nascita dell'operazione "Provide Comfort" (a cui, dopo il ritiro delle truppe occidentali, farà seguito quella denominata "Poised Hammer"), tre sono gli aspetti che vale la pena di metterc in luce.

Il primo è che la Risoluzione 688 non autorizza nessun paese o gruppo di paesi ad intervenire in Irak per ragioni umanitarie. E che quindi, se è vero che in questa occasione si assiste ad un «ampliamento dei limiti dell'azione internazionale», ciò avviene sulla base di un «comportamento di fatto», vale a dire di una decisione di Stati Uniti, Francia, Inghilterra, del cui carattere unilaterale i tre governi «si mostrano assolutamente consapevoli»[2].

Il secondo aspetto è che, sia nel suo preambolo che nel suo primo articolo, la Risoluzione 688 indica, come propria motivazione, la «preoccupazione» che le repressioni in atto stiano già conducendo «ad un flusso massiccio di rifugiati verso ed attraverso le frontiere internazionali» e che di qui possano derivare «violazioni di frontiere in grado di minacciare la pace e la sicurezza internazionale nella regione». Col risultato che – come nota Adam Roberts – «per la parte in cui la creazione dei *safe havens* ha avuto l'autorizzazione dell'Onu, il terreno legale su cui ci si è mossi era sostanzialmente quello tradizionale della minaccia alla pace e alla sicurezza»[3].

Infine, il terzo aspetto (collaterale, rispetto al tema centrale del nostro discorso, ma importante in un senso piú generale) è che solo subordinatamente la Risoluzione 688 fa riferimento ai curdi, perché, piú in generale, preferisce parlare delle «repressioni» in atto contro «popolazioni civili irachene», ed esprimere «la speranza» che venga loro «assicurato il rispetto dei diritti dell'uomo e dei diritti politici». E questo per due motivi del tutto evidenti. E cioè: 1) non creare difficoltà alla Turchia, paese membro della Nato, al pari degli Stati Uniti, Inghilterra e Francia, ma nel cui territorio sono presenti, in condizioni di soggezione politica e di negazione di ogni identità nazionale, non meno di dodici milioni di curdi; 2) evitare di sollevare il piú ampio problema di un riconoscimento delle minoranze nazionali e di un loro statuto giuridico, alla cui discussione si oppongono anche molti Stati occidentali[4].

La conclusione che, da quanto appena esaminato, si può ricavare è sufficientemente chiara. Ed è che, anche rimanendo sul terreno giuridico ed evitando di addentrarsi in valutazioni politiche (perché, in questo caso, ci si potrebbe ad esempio chiedere, e non senza un certo fondamento, se l'intera azione diretta alla creazione di "zone rifugio" per i curdi non avesse come scopo principale quello di provocare la caduta di Saddam Hussein), l'operazione "Provide Comfort" non può essere presentata come la prima iniziativa che sanziona la nascita di un diritto di ingerenza umanitaria. Al momento di giustificarla, infatti, sono i suoi stessi promotori che – come si è visto – decidono di collocarla sotto la piú solida nozione di un diritto di intervento diretto a salvaguardare la pace e la sicurezza internazionale. Per cui – se si vuole usare l'espressione poetica di Adam Roberts – «la rondine dell'operazione "Provide Comfort" non ha in alcun modo fatto nascere la primavera dell'intervento umanitario»[5].

Somalia

Il quadro, al cui interno si colloca – a partire dall'inizio del 1992 – il problema di una ingerenza umanitaria in Somalia, è in parte simile e in parte diverso.

Le differenze sono molte ed importanti. Per cominciare, infatti, dell'esigenza di un'azione internazionale, diretta a porre fine, o almeno ad alleviare, le disastrose condizioni economiche, e innanzi tutto alimentari, di questo paese si comincia a parlare per iniziativa dello stesso governo somalo: o almeno di quel tanto di autorità centrale presente in una società divisa, da sempre, in "cabile" in costante lotta tra di loro. Ed è quindi per tale via che prende forma la prima delle Risoluzioni (nel complesso saranno una dozzina) che il Consiglio di sicurezza dedica a questo problema: la numero 733, del 23 gennaio 1992, che richiede un immediato cessate il fuoco ed un embargo sulle armi, come presupposto indispensabile per l'inizio di una operazione umanitaria.

La mancanza di qualsiasi risultato concreto di questo primo passo, e la constatazione che il piú grave ostacolo da superare è costituito dalle «estorsioni, ricatti, e furti a cui è esposto il tentativo internazionale di assistenza e [dai] ripetuti attacchi contro il personale e gli equipaggiamenti delle Nazioni Unite»[6], producono un radicale mutamento di impostazione. Comincia cioè ad affermarsi l'idea che il modo migliore di affrontare il caos somalo è di partire dalla premessa che ci si trova di fronte ad un paese senza Stato. E tale tesi – che, tra l'altro, ha il vantaggio di scavalcare le obiezioni collegate all'uso di un diritto di ingerenza: visto che là dove non esiste Stato non vi è, ovviamente, nessuna "sovranità" da rispettare – trova la sua esplicita espressione in una lettera che l'allora segretario dell'Onu, Boutros-Ghali, invia il 29 novembre del 1992 al presidente di turno del Consiglio di sicurezza, in cui si legge: «In questo momento non c'è nessun governo in Somalia che possa richiedere o permettere [l']uso della forza [...] Sarebbe quindi necessario che il Consiglio di Sicurezza, sulla base dell'articolo 39 della Carta dell'Onu, arrivasse alla conclusione che, a causa delle ripercussioni del conflitto somalo nell'intera regione, esiste una minaccia alla pace, e decidesse quali misure dovrebbero essere prese per mantenere la pace e la sicurezza»[7]. A breve distanza – quattro giorni – segue quindi una nuova Risoluzione del Consiglio di sicurezza (la numero 794), che, di fatto, è solo una riformulazione del pensiero di Boutros-Ghali.

L'importanza di questa Risoluzione è duplice. Da un lato infatti, a differenza di quanto era avvenuto un anno e mezzo prima con l'Irak, essa ci mette di fronte al primo documento ufficiale dell'Onu che autorizza un certo numero di Stati membri a intervenire militarmente in un paese terzo, anche senza una sua richiesta o il suo consenso Dall'altro, però, tale autorizzazione viene concessa non per il suo aspetto umanitario (anche se tale aggettivo ricorre molte volte nel testo) ma per lo stesso motivo ricordato dalla Risoluzione 688, vale a dire la minaccia alla pace e la sicurezza. Da cui si ricava che neppure in una situazione del tutto particolare (la sostanziale assenza di un potere politico), il "diritto di ingerenza umanitaria" viene sanzionato dalla Risoluzione 794. E, se questo non avviene, è per molti buoni motivi: il piú importante dei quali è sicuramente che non si vede su quale base, e con quale legittimità, un organo politico (il Consiglio di Sicurezza), dalla costituzione tutt'altro che democratica, e che non è (e nessuno vuole che sia) un governo mondiale, potrebbe arrogarsi il compito di effettuare una simile trasformazione rivoluzionaria della scena internazionale.

Se tale "non evento" passa sostanzialmente inosservato – anche a molti "addetti ai lavori" – è, almeno in parte, per gli sviluppi caotici che caratterizzano, nei mesi successivi, la crisi somala. Molto presto, infatti, il corpo di spedizione internazionale, composto da soldati di paesi diversi, si trova coinvolto, oltre che in scontri, spesso molto violenti (solo in quello del 3 ottobre 1993, a Mogadiscio, vengono uccisi trecento somali e diciotto soldati americani) con le varie fazioni della guerriglia locale e in tutto un inestricabile reticolo di controversie locali e di traffici (compresi quelli di armi e di droga), anche in polemiche continue al suo stesso interno: che spesso, come quella italo-americana, si trasformano in veri e propri incidenti diplomatici. Non meno grave, inoltre, è la completa confusione per quanto riguarda la strategia complessiva della operazione "Restore Hope". A chi vuol limitarsi a consegnare alla popolazione la maggiore quantità possibile di aiuti alimentari e medicinali, si contrappongono infatti coloro che ritengono prioritario il disarmo di tutte le formazioni armate, o che addirittura hanno come punto di riferimento l'ambizioso progetto di un *nation building*, vale a dire la trasformazione della Somalia da un rissoso coacervo di gruppi tribali in uno Stato capace di risolvere da solo «i suoi problemi politici e rimettere in sesto la propria economia»[8].

Preso nella morsa delle enormi difficoltà esterne e dei contrasti sulla sua conduzione, l'intervento multilaterale in Somalia, dopo aver languito per piú di un anno, si conclude miseramente nel marzo del 1994. Lasciandosi alle spalle, oltre a molte migliaia di morti, uno strascico di risentimenti all'interno dello stesso mondo atlantico che l'aveva organizzata. Ma specialmente due risultati concreti, anche se di contenuto negativo. Il primo di natura giuridica: e cioè che, al pari di quanto era avvenuto con la "rondine" dell'operazione "Provide Comfort", anche quella della operazione "Restore Hope" non è stata in grado di dar vita alla "primavera" di una nascita ufficiale del diritto di ingerenza umanitaria. Il secondo di natura operativa: e cioè che tutti hanno avuto modo di toccare con mano il ginepraio in cui si finisce immediatamente per ingolfarsi nel momento in cui si decide di affidare ad un corpo di spedizione (per di piú composto di reparti di vari eserciti: e quindi spesso simile, nei suoi comportamenti, ad una "legione straniera"), il compito di realizzare, sul terreno, un criterio, nobile ma polimorfo ed evanescente, quale è quello dei diritti umani.

Bosnia

A questo panorama, la crisi della Bosnia, e piú in generale della ex Jugoslavia (che in parte precede, in parte si sovrappone e sopravvive a quella somala), non aggiunge nulla di significativo. A dispetto del fatto che, nel suo corso, i diritti umani vengano ripetutamente evocati, e che essa sia accompagnata e seguita da una serie di strascichi giudiziari, diretti ad accertare ed eventualmente punire le loro violazioni (sotto forma di "crimini di guerra"), non è certamente in loro nome – vale a dire esercitando un diritto di ingerenza umanitaria – che le potenze occidentali decidono di intervenirvi. Piuttosto è per perseguire i loro disegni nazionali: che in alcuni casi – la ricerca di un minimo di stabilizzazione regionale – hanno un carattere convergente, ma in altri divergono in modo fin troppo evidente.

È quindi proprio con la fine della missione in Somalia che il breve momento di grazia della nozione di ingerenza umanitaria giunge alla sua fine. Nata, come si è detto, per una sorta di germinazione spontanea nel clima di novità, e di grande aspettative, provocato dalla fine della guerra fredda, e cementata – anche se impropriamente – dagli eventi successivi alla spedizione militare nel Golfo, essa aveva vissuto la sua fase migliore nel periodo in cui si era diffusa la convinzione che, in un mondo ormai unipolare, sarebbe stato sufficiente, per ottenere il rispetto di certi princípi, che le grandi potenze occidentali si mostrassero unite nella decisione di usare, nelle situazioni di crisi, la enorme loro forza. Già nella prima occasione in cui tale impostazione era stata messa alla prova, i fatti si erano però incaricati di dimostrare che la realtà, nella sua caotica ed imprevedibile conformazione, rifiutava di adeguarsi a tale schema: e che, di conseguenza, se il diritto di ingerenza voleva sopravvivere avrebbe potuto farlo solo trovando un modo di attuazione diverso da quello della pressione psicologica, o anche della semplice minaccia.

Quella a cui subito dopo si assiste è quindi una eclissi di tale concetto: tanto profonda che neppure posto di fronte ad eventi umanamente dirompenti, quali i grandi massacri africani della metà degli anni '90 (nel solo Ruanda i morti saranno almeno un milione)[9], il mondo occidentale ritiene opportuno farvi ricorso per programmare una qualche forma di intervento. Perché il tema del diritto di ingerenza torni a porsi al centro del dibattito internazionale bisognerà quindi attendere alcuni anni. Precisamente fino ai mesi finali del 1998: quando, in modo sempre piú minaccioso, comincerà a profilarsi all'orizzonte la crisi tra i serbi e gli albanesi del Kosovo.

Il diritto di ingerenza e il "mondo come comunità"

Un tempo molto limitato è passato dal momento della fase culminante della crisi dei Balcani: posto che l'intervento armato della Nato comincia il 24 marzo 1999 e si conclude il 10 giugno successivo. Ma in questo breve periodo, la quantità di studi che sono stati dedicati alla sua analisi è andata crescendo di mese in mese, fino a presentarsi oggi come praticamente sconfinata. È quindi in parte (anche se non soltanto) per questo motivo che appare opportuno evitare di affrontare, ancora una volta, in maniera diretta tale tema. E che si cercherà piuttosto di guardarlo, diciamo cosí, dall'alto, chiedendoci non tanto la esatta natura di ciò che, in quelle settimane, è avvenuto, quanto quali sono le condizioni essenziali perché una ingerenza umanitaria possa essere considerata legittima. Una ricerca che, ovviamente, si porrà tanto il problema del "se" di una simile iniziativa, tanto quello del "come". Ma, secondo un ordine inverso rispetto a quello che può apparire logicamente normale. Nel senso che, invece di partire da ciò che è giusto fare, per vedere dopo con quali mezzi sia possibile realizzarlo, si esamineranno innanzi tutto le possibilità concrete di azione, per valutare poi la bontà dell'intero progetto.

Prima di cominciare questo esame, facciamo però una premessa: che può apparire astratta, ma non lo è. E che è diretta ad esaminare il rapporto tra il concetto di diritto di ingerenza e l'esistenza di un legame.

Come punto di partenza, prendiamo la constatazione che, tra estranei, tale concetto non ha alcun senso: perché, tra loro, non ci si "ingerisce", cosí come non ci si "punisce". Piuttosto, secondo le circostanze, o ci si ignora; oppure, se ci si dà fastidio o ci si reputa pericolosi, si cerca di difendersi o di eliminarsi a vicenda. Il che, detto in altri termini, significa che l'ingerenza di cui oggi parliamo (e che, al suo stato puro, non può essere concepita altro che come reciproca) presuppone l'esistenza dell'idea – alla quale si è già accennato – di un mondo vissuto non piú semplicemente quale "luogo" di casuale collocazione di individui intrinsecamente diversi, ma come "comunità" di appartenenza. Visto che solo in un simile contesto l'idea di un intervento può avere una sua legittimazione "umanitaria", può cioè presentarsi come un diritto, e distinguersi da una semplice intrusione, e da una arbitraria sopraffazione.

Se ammettiamo che le cose stanno effettivamente cosí, risulta però evidente che, perché il diritto (o meglio il diritto-dovere) di ingerenza, possa presentarsi, in un singolo caso, come realmente giustificato, la concezione del mondo come comunità dovrebbe essersi manifestata prima, o quanto meno debba manifestarsi contemporaneamente, anche in altri modi. Ad esempio attraverso un concreto tentativo di arrivare a una distribuzione eguale, o sempre meno diseguale, della ricchezza globale (e non, invece, a diseguaglianze di anno in anno sempre piú abissali)[10], oppure attraverso l'accettazione dell'idea di una proprietà comune delle fondamentali risorse naturali del pianeta[11] e di immediati interventi collettivi a favore dei paesi colpiti da carestie o epidemie, o almeno, con la nascita e la diffusione di un sentimento generale di fattiva solidarietà. Perché se invece nulla di ciò viene, non diciamo fatto, ma neppure pensato, e tutto si riduce al solo aspetto punitivo, se cioè del "mondo come comunità" ci si ricorda solo quando si tratta di inviare aerei e bombe a colpire dei presunti colpevoli (sulla base di quella che Charles Taylor chiama «la politica della rabbia»)[12], si crea uno squilibrio profondo: nel senso che la stessa base concettuale da cui dovrebbe nascere un genuino diritto di ingerenza viene, di fatto, distrutta.

Su tutte le conseguenze che si dovrebbero ricavare da una concezione non ristretta – ai soli aspetti economici – della unificazione del nostro pianeta si potrebbe discutere a lungo: per notare, ad esempio, come in una genuina visione del mondo come comunità non potrebbe mancare la componente di una precisa memoria collettiva, e quindi anche di una piú attenta valutazione delle colpe di cui l'Occidente si è macchiato nel lungo processo attraverso cui ha affermato la propria egemonia sull'intero pianeta.

Tale esercizio non dovrebbe, ovviamente, servire a dar vita a un'assurda operazione anti-storica – quale quella di porre sotto accusa tutta l'evoluzione che lo ha portato alla sua posizione attuale – ma a trarre una lezione di modestia dal ricordo di tutto quanto di efferatamente, e spesso di gratuitamente, crudele la nostra cultura ha compiuto durante questo lungo percorso: a cominciare dalle operazioni di pulizia etnica che hanno caratterizzato la conquista delle Americhe (fino a quella nei confronti dei pellirosse, terminata solo nel 1890)[13], e continuando con i fenomeni di "genocidio culturale", oltre che fisico (si pensi a quanto, a partire dal 1830, è stato fatto dai francesi in Algeria)[14], che hanno costellato l'intera storia del colonialismo. Perché solo cosí, solo da questa effettiva presa di coscienza, potremmo arrivare a comprendere quali doveri costituiscono il contraltare di quei diritti di cui siamo tanto consapevoli. E anche quanto – di fronte a un quadro di questa qualità e di queste dimensioni – certe "richieste di perdono", cosí di moda da alcuni anni, siano insufficienti, e rischino di presentarsi solo come una forma di raffinata ipocrisia.

Per non distaccarci troppo dal nucleo centrale della nostra ricerca, fermiamoci però qui. E, preso atto che l'idea di una ingerenza umanitaria affonda le proprie radici nella concezione del "mondo come comunità" (o, che è poi la stessa cosa, nel riconoscimento dell'esistenza di una sola "umanità"), e che distaccata da tale fondamento diventa del tutto illegittima, ritorniamo al problema a cui si è prima accennato. Quello delle condizioni che, sia per quanto riguarda il "come" che per quanto riguarda il "se", appaiono indispensabili per una sua corretta realizzazione.

Il "come" del diritto di ingerenza

La prima esigenza con cui si deve fare i conti al momento di affrontare il problema di "come" dare attuazione ai diritti umani è quella di rispettare, anche in questo campo, quell'aspetto di "universalità" che – a giudizio unanime – rappresenta una loro caratteristica essenziale. Mentre infatti è evidente che una politica estera la quali dichiari – genericamente – di ispirarsi a tali criteri può benissimo porsi di fronte alla loro lista e scegliere, di volta in volta, quelli che ritiene piú importanti, un soggetto che adotti esplicitamente come propria motivazione i diritti umani non può operare nello stesso modo. Perché, al contrario, il suo obbligo (la obbligatorietà dell'azione penale) è quello di prendere in considerazione "tutte" le situazioni in cui diritti umani appaiono violati. E se, come è inevitabile, è costretto a stabilire tra di esse un ordine di priorità, deve farlo unicamente – al pari di quanto, almeno in teoria, avviene all'interno di uno Stato di diritto – sulla base di criteri oggettivi, e chiaramente trasparenti.

Concretamente, da tale impostazione discendono due conseguenze: che riguardano, rispettivamente, il "codice" incaricato di stabilire i criteri generali di comportamento e la Corte che deve giudicare quali comportamenti rappresentano una loro violazione, e che successivamente deve occuparsi di fare eseguire tali sentenze. Ed è inutile nascondersi che ad ognuno di questi due livelli ci si trova di fronte ad ostacoli apparentemente insormontabili.

Un codice universale

Per quanto riguarda il primo aspetto, la difficoltà con cui immediatamente ci si scontra è che, a giudizio di molti occidentali, tale codice esiste già da tempo, nella forma della Dichiarazione universale del 1948 e degli altri Patti ad essa collegati[15]. Il minimo che però si può dire è che tale tesi non appare del tutto convincente.

A causa del modo in cui la Dichiarazione del 1948 e i Patti successivi sono venuti alla luce (vale a dire attraverso un dialogo, sia pure conflittuale, esclusivamente intra-occidentale: vedi capitolo I), ma anche, e forse in misura perfino maggiore, a causa dei cambiamenti, davvero epocali, prodottisi in oltre mezzo secolo (prima il processo di decolonizzazione, poi la modernizzazione e il rapidissimo arricchimento di una serie di paesi del Terzo mondo, infine il crollo del sistema sovietico), è del tutto chiaro che le formulazioni contenute in questi documenti non rispondono piú alle convinzioni e alla sensibilità di un settore molto vasto – anzi sicuramente maggioritario – della popolazione mondiale. La quale, anche quando riconosce la necessità di stabilire un insieme di criteri di giudizio generali, rifiuta in linea di principio di accettare senza discutere una Carta dei diritti umani che, al pari degli Statuti liberali del primo Ottocento, le appare come sostanzialmente *octroyée*, concessa (se non addirittura imposta), dalle grandi potenze detentrici del potere.

A giudizio di gran parte del mondo "altro", ed ormai anche a giudizio di non pochi esponenti occidentali[16], per giungere ad una Carta dei diritti umani realmente valida bisogna quindi battere una strada diversa. La quale, oltre a porre in primo piano l'aspetto del dialogo, o – se si preferisce rifarsi alla nostra tradizione costituzionale – del contratto, si concentri, almeno inizialmente, su pochi punti fondamentali: vale a dire su quei *core human rights*, su cui tutti i paesi e tutte le culture possono piú facilmente, o meno difficilmente, mettersi d'accordo.

L'adozione di un simile orientamento sarebbe opportuna, e perfino necessaria, da almeno due punti di vista.

Innanzi tutto avrebbe il vantaggio di rendere piú agevole l'individuazione delle possibili violazioni, e di evitare che i diritti umani diventino – come ha scritto acutamente Philip Allott – *burocratic small-change*[17], spiccioli burocratici, che ognuno può usare a suo piacimento, creando confusione e polemiche senza fine. Perché è appunto a causa di questa continua proliferazione (di questa «ambigua ampiezza del loro campo di azione» di cui si è parlato già nel secondo capitolo) che si creano le situazioni piú paradossali. Come, ad esempio, il grande rumore che viene fatto intorno alle restrizioni imposte dal governo iraniano alla ricezione via satellite di programmi televisivi occidentali[18] o ai discutibili orientamenti di quello di Singapore nel campo dell'assistenza sociale (favorire le famiglie e punire i single), ed invece il silenzio quasi assoluto che ha sempre circondato le torture – sia pure "moderate" – a cui, con il consenso della Corte suprema di Israele, sono stati per decenni sottoposti i prigionieri palestinesi[19], o le vessazioni a cui sono costantemente esposti i carcerati americani[20]. O, infine, il fatto che, sempre negli Stati Uniti, tra il 1976 e il 1998, sono state giustiziate 75 persone che, in seguito, sono state ufficialmente riconosciute innocenti. Dato, quest'ultimo, che diventa ancora piú significativo se si tiene presente – come precisa l'articolo dell'*Economist* da cui lo ricaviamo – che «la maggior parte di queste 75 persone erano accusate di delitti orrendi, per i quali i pubblici ministeri, che ricoprono una carica elettiva, erano sotto pressione per trovare a tutti i costi un colpevole»[21].

Ma non si tratta solo di evitare queste incongruenze: cioè queste macroscopiche manifestazioni del criterio dei "due pesi e due misure". La concentrazione su un numero ristretto di "diritti umani essenziali" appare infatti consigliata anche dal fatto che, strettamente mischiato con le differenze di mentalità di cui si è parlato nel capitolo precedente, esiste anche il fenomeno che Habermas definisce come «la "non contemporaneità" di società costrette a convivere pacificamente»[22]: vale a dire il dato innegabile che, a dispetto della sua unificazione fisica, il nostro pianeta contiene ancora paesi che si trovano a gradi di sviluppo – innanzi tutto economico, ma anche politico e sociale – molto diversi. Ignorare tale stato di cose è impossibile: e anche se fosse possibile sarebbe ingiusto. E allora l'unica soluzione è che coloro che, come i paesi occidentali, ritengono di essere collocati al gradino piú alto (di questa scala di "progresso"), si facciano carico – anche ricordando che molti aspetti della loro attuale situazione di "superiorità" sono il frutto di una evoluzione molto recente – del compito di "accogliere", e di guidare gradualmente e non punitivamente, chi sta piú indietro, all'interno di una comunità sempre piú globale

Detto in altri termini, e dirlo sembra quasi una banalità, i diritti umani possono acquistare uno statuto realmente universale – ed evitare di trasformarsi in una parodia, tenuta in vita da un lato dalla forza e dall'altra dall'ipocrisia – solo se nei fatti, e non unicamente sulla base di una presunzione unilaterale, essi sono frutto di un processo che li abbia resi universalmente accettabili. E ribattere che, in tal modo, si apre la strada al "relativismo morale"[23] non ha alcun senso. Innanzi tutto perché qui si sta parlando di comportamenti piú o meno condivisibili o condannabili, ma che, nel bene e nel male, fanno parte del complesso tessuto della storia della nostra umanità (una sociologa inglese, K. Hayter, ricorda, ad esempio, come un costume riprovevole quale «la clitoridectomia, era praticato apertamente su ragazze e donne, in Inghilterra e negli Stati Uniti, fino al 1945, come "cura" nei confronti della masturbazione e della promiscuità»)[24], mentre non vi è nessuno che richiede la legalizzazione della tortura. E poi perché se, in questo ambito, si vuol mantenere ferma una posizione di netto rifiuto di ogni incontro a mezza strada con le idee e i costumi degli altri (nella speranza, ed in attesa, di una loro possibile "educazione"), si deve allora accettare tutto quello che ne consegue: vale a dire la aperta rivendicazione di un dominio dell'Occidente su tutto il resto del mondo. Insomma, una riedizione, in termini globali, di quella «dittatura della virtú», di cui, poco meno di due secoli fa, parlava Babeuf.

Anche se si rifiuta una simile impostazione assolutistica, e si accetta di muoversi sulla strada di un universalismo dialogico, si scopre tuttavia presto che il compito che si ha di fronte non è per nulla semplice: il dialogo infatti – e lo si è accennato poche pagine fa – è il presupposto indispensabile, ma non sempre sufficiente, per il conseguimento di un risultato positivo. E questo non soltanto perché, discutendo, ci si può mettere d'accordo ma si può anche litigare. Ma specialmente perché in ogni dibattito di questa natura è sempre presente il pericolo sia di una sorta di degenerazione burocratica, cioè di un disperdersi dell'attenzione in mille rivoli diversi, sia di un compromesso ottenuto solo sulla base di uno scambio di favori, e quindi privo di ogni contenuto etico.

Insomma, per raggiungere lo scopo che ci si è prefissi, non è sicuramente sufficiente convocare un certo numero di grandi conferenze; e concluderle alla meno peggio, con l'approvazione di un documento composto di frasi generiche, che ognuno si prepara o ignorare o ad interpretare come preferisce. Piuttosto, bisognerebbe trovare il modo di concentrarsi sulla definizione di poche situazioni negative di valore emblematico (tortura, schiavitú, negazione del diritto alla vita, uso della forza per lo sfruttamento dei piú deboli, ecc.) e sull'indicazione dei criteri, anche pratici, con i quali affrontarle. E si dovrebbe farlo non abbandonando mai la consapevolezza che, trattandosi di avvicinare non solo opinioni ma anche sensibilità profondamente diverse, si è di fronte ad un lavoro destinato, nel miglio re dei casi (cioè se guerre e scontri armati non bloccheranno tale movimento, o non provocheranno un riflusso nella direzione opposta), a durare non anni, ma decenni.

Il progetto di dar vita ad una Corte penale internazionale (il cui "Statuto" è stato adottato al termine di una Conferenza delle Nazioni Unite conclusasi a Roma il 18 luglio 1998), ci permette, attraverso un esempio concreto, di mettere a fuoco queste difficoltà.

Degli aspetti generali di tale iniziativa ci occuperemo in modo diretto nelle pagine immediatamente successive: quando affronteremo la seconda faccia del "come" realizzare in maniera legittima un diritto di ingerenza. Già da ora, però, vi è un punto su cui appare opportuno fissare l'attenzione: e cioè la elencazione di crimini (contro l'umanità e di guerra) che possiamo leggere nelle prime pagine (da 5 a 12) del documento conclusivo della Conferenza: perché chi scorre questa lunga lista si rende immediatamente conto che, proprio nel suo tentativo di essere esauriente, essa rappresenta uno strumento di molto dubbia efficacia. O che peggio, lasciando spazio alle interpretazioni piú differenti, rischia di mettere un nuovo mezzo discrezionale nelle mani dei piú potenti.

Detto in altre parole, una giustizia penale può esistere – a malapena: visto che sotto gli occhi di noi tutti sono le sue continue deficienze anche in questo campo – all'interno di uno Stato: dotato di un sistema giudiziario decentrato e ramificato, e cementato dalla presenza di antichi costumi di convivenza. Ma provare a raggiungere lo stesso risultato in uno sfondo planetario, e per di piú operando esclusivamente dall'alto, significa esporsi o a continui fallimenti, o a continue frodi (o, piú realisticamente, a tutte e due le cose insieme). E questo per il motivo – molto semplice ma molto spesso dimenticato – che, come spiega Carl Schmitt, «ogni norma generale richiede una strutturazione normale dei rapporti di vita sui quali deve trovare applicazione, e che essa sottomette alla propria regolamentazione normativa. La norma ha bisogno di una situazione media omogenea. Non esiste nessuna norma che sia applicabile al caos»[25]. Con la conseguenza che un "ordinamento giuridico" può certamente contribuire a rafforzare un "ordine", ma non ha nessuna possibilità di crearlo: in quanto, proprio per la sua sopravvivenza, ne presuppone l'esistenza.

Per concludere, appare quindi giusto affermare che l'universalismo consensuale si presenta come una scelta obbligata: anche perché ogni altra sarebbe eticamente inammissibile. A patto, però, di non dimenticare che esso deve essere concepito come un progetto a lunga scadenza: che potrà produrre risultati positivi solo lentamente, con molta dedizione e con non poca fatica[26]. Mentre la prima illusione da evitare, e il primo pericolo da cui guardarsi. è di immaginarlo come una scorciatoia. Perché, in una materia come questa, le scorciatoie non possono produrre altro che danni.

Una Corte penale sovranazionale

Le difficoltà con cui si scontra il tentativo di dar vita ad un codice universale dei diritti umani rischiano di apparire ben poca cosa se paragonate con quelle con cui ci si trova a fare i conti quando si affronta la seconda precondizione dell'esercizio legittimo di un diritto di ingerenza: vale a dire la formazione di un Tribunale sovranazionale in grado di emettere, su questa base, dei concreti giudizi.

La prima cosa da notare, nel momento in cui ci si propone di esaminare un simile progetto, è l'esistenza di un precedente illustre. Nella fase finale della seconda guerra mondiale, fu infatti Hans Kelsen a chiedersi se non vi era un modo di impedire il ripetersi di scontri altrettanto sanguinosi. E credendo di aver trovato una risposta positiva, la espose in un libro, *Peace Through Law*, la pace attraverso la legge: che riprende, ma anche corregge, lo schema esposto da Kant nel suo *Per la pace perpetua*.

Al pari di Kant, infatti, anche Kelsen si dichiara convinto che, senza il trasferimento del potere «ad un'autorità imparziale [...], ogni ulteriore progresso sulla strada della pacificazione del mondo è assolutamente escluso»[27]. La sua tesi, però, è che tale autorità non può essere «federazione di liberi Stati»[28], la cui «costituzione deve essere repubblicana»[29] – secondo quanto si legge in *Per la pace perpetua* – ma piuttosto «una Corte internazionale, dotata di una giurisdizione obbligatoria», essa stessa frutto di un trattato, firmando il quale gli Stati si obbligherebbero «a rinunciare alla guerra e alle rappresaglie come mezzo per risolvere i loro conflitti, a sottomettere senza eccezione le loro dispute alle decisione della Corte, e ad attuare tali decisioni in buona fede». Mentre la costituzione di un «potere esecutivo centralizzato» potrebbe venire piú tardi, come «uno degli ultimi passi», da compiere solo dopo che «la Corte internazionale, grazie alle sue azioni imparziali, si [fosse] guadagnata la fiducia dei governi»[30].

Non è tuttavia unicamente questo motivo, diciamo cosí di "trasparenza", che spinge Kelsen a sostenere la necessità di affidarsi ad un organo giurisdizionale piuttosto che a uno politico: perché alla base di tale scelta vi è anche la sua convinzione che in questo modo, vale a dire seguendo una procedura basata sul consenso[31], sia possibile eliminare lo scoglio – altrimenti insormontabile – rappresentato dalla rinuncia alla sovranità da parte degli Stati. A giudizio di Kelsen infatti, mentre la sovranità di uno Stato cessa di esistere nel caso che esso sia «soggetto alla legge di qualsiasi altro Stato»[32], rimane invece intatta se esso, su una base di assoluta eguaglianza, è sottoposto «solo alla legge internazionale». E la ragione di una simile conclusione, spiega Kelsen, «sta nel fatto che le decisioni giudiziarie sono oggettive e imparziali, e non scelte politiche che rispondono al criterio che il potere deve essere anteposto al diritto»[33].

Raggiunta in tal modo la quadratura del cerchio, Kelsen completa la sua costruzione con due ulteriori aspetti. Il primo è la creazione di una «polizia internazionale [...] a disposizione di una agenzia amministrativa centrale, con la funzione di eseguire le decisioni della Corte»[34]. Il secondo è che gli Stati che rifiutassero di applicare le decisioni della Corte o che unilateralmente compissero atti di guerra contro un altro Stato dovrebbero essere riportati all'ordine anche con l'uso della forza[35]. Perché solo attraverso una tale «azione militare contro il membro delinquente» la comunità dei paesi aderenti al progetto della «pace attraverso la legge» potrebbe realizzare il proprio obiettivo.

Se ora paragoniamo lo schema kelseniano a quello della Corte penale internazionale – che, come si è detto, è ufficialmente nata a Roma alla metà del 1998, ma non è ancora entrata in funzione per la mancanza del numero indispensabile di ratifiche – ci accorgiamo che questo secondo progetto ha una portata, al tempo stesso, maggiore e minore. È molto piú ampio perché mira non solo al mantenimento della "pace" – che Kelsen definisce in termini minimalistici, come «condizione caratterizzata dall'assenza della forza»[36], cioè come «cessazione empirica della guerra»[37] – ma anche alla realizzazione dei grandi princípi di carattere etico incarnati nei diritti umani. Ed è molto piú ristretto per quanto riguarda il punto – essenziale – dei poteri di tale organismo. Infatti, mentre Kelsen concepisce la sua Corte internazionale come una istituzione autoreferente, in grado di esaminare liberamente tutte le situazioni che si presentino come violazioni del diritto internazionale[38] e perfino – come si è appena visto – di imporre le sue sentenze con la forza (cioè quale vero "potere sovrano" della scena internazionale), quella delineata nel 1998, sotto gli auspici delle Nazioni Unite, non solo riafferma esplicitamente il rispetto della sovranità degli Stati, non solo si presenta priva di ogni mezzo concreto per imporre il rispetto della sue sentenze, ma anche per quanto riguarda l'inizio e lo sviluppo di una investigazione e di un procedimento è sottoposta all'assenso del Consiglio di sicurezza (art. 16): circostanza che, di fatto le toglie la qualità di organo giudiziario (la indipendenza dei poteri, la obbligatorietà dell'azione penale) e la declassa a puro strumento politico.

Ciò che invece i due progetti hanno in comune è l'assoluta vaghezza su un punto, che invece ha importanza fondamentale: quello di come assicurare la "imparzialità" dei giudizi. Si è visto che Kelsen attribuisce a questa qualità un valore tale da indurlo a pensare che, sulla sua base, sarebbe perfino possibile superare le tradizionali obiezioni degli Stati ad una eliminazione della loro condizione di totale indipendenza. Eppure, come garanzia di tale aspetto, non sa – perché non può – offrire altro che lo *high moral character*, l'alto livello morale, che, oltre ad una accertata preparazione professionale, dovrebbero possedere le persone chiamate a ricoprire questo incarico[39]. E tale formula viene ripresa alla lettera nello Statuto della attuale Corte penale internazionale (art. 36, 3 [a]): cosí come era avvenuto, qualche decennio prima, con i *Covenants* dell'Onu diretti a monitorare il rispetto dei diritti umani.

Ma, come si è visto (capitolo I, pp. 18-21), con risultati del tutto deludenti. Che non è chiaro per quale motivo, nel prossimo futuro, non dovrebbero ripetersi.

Il precedente della Corte "ad hoc" per la ex Jugoslavia

Queste perplessità vengono, non dissipate, ma confermate dalla recente esperienza dei tribunali "ad hoc" creati dall'Onu. In realtà, già il concetto di "tribunali speciali" dovrebbe fare inorridire: e non tanto per i ricordi che, in noi italiani, questo nome richiama, quanto perché il dato della delimitazione della loro competenza (per situazione o per area geografica) sembra violare quel principio di "equità" nella applicazione della legge, senza il quale non può esservi una vera giustizia[40]. Tale giudizio nei loro confronti, inoltre, sicuramente peggiora se si esamina il modo in cui la piú recente ed attiva di queste Corti, quella per la ex Jugoslavia, ha deciso di operare: prima accettando finanziamenti straordinari da parte di una fonte non certo imparziale (gli Stati Uniti)[41], poi prendendo con dubbia tempestività – vale a dire nel momento cruciale dell'intervento militare occidentale diretto a piegare il governo di Belgrado – la decisione di incriminare Slobodan Milošević, e stabilendo con la Nato – come nota Danilo Zolo – un rapporto fattivo di "sinergia", sia per l'acquisizione di materiale probatorio sia per la ricerca e la cattura dei singoli incriminati[42], ed infine prendendo l'iniziativa di archiviare tutte le denunce sulle possibili violazioni dei diritti umani commessi dalla Nato nel corso delle operazioni militari.

Per quanto riguarda questa ultima decisione, il suo carattere altamente discutibile è apparso evidente anche sulla base dei dati immediatamente noti all'opinione pubblica. Era infatti davvero possibile immaginare che tutte le cinquecento "morti collaterali"[43] sicuramente accertate siano state frutto di errori scusabili? E, anche se non espressamente proibito dalle convenzioni internazionali (cosa che, d'altra parte, vale anche per gli ordigni nucleari) si poteva davvero considerare del tutto lecito l'impiego delle bombe a frammentazione e ad uranio impoverito? Il peso di tali perplessità è aumentato tuttavia notevolmente nel momento in cui si sono potute conoscere le motivazioni con le quali l'Ufficio del Pubblico ministero ha "raccomandato" alla Corte l'archiviazione. Per almeno due motivi.

Per quanto riguarda il modo in cui è stata raccolta la documentazione, possiamo infatti leggere: «Il Comitato ha condotto il suo esame servendosi essenzialmente di documenti pubblici, comprese le dichiarazioni della Nato e dei paesi atlantici nel corso delle conferenze stampa, e i documenti prodotti dalla Repubblica jugoslava. [Il Comitato] è stato portato a ritenere [*assess*] che le dichiarazioni della Nato e dei paesi atlantici sono generalmente degne di fede e che le spiegazioni sono state date onestamente. Il Comitato deve tuttavia notare che, quando l'Ufficio del Procuratore ha chiesto alla Nato di dare risposte specifiche su specifici incidenti, le risposte della Nato sono state formulate in termini generali, e non sono state indirizzate agli incidenti specifici. Il Comitato non ha parlato con coloro che erano coinvolti nella direzione e nella esecuzione della campagna di bombardamenti. Il Comitato ha anche assegnato un notevole peso alle affermazioni fattuali fatte dallo Human Rights Watch, visto che i suoi investigatori hanno speso una limitata quantità di tempo nel territorio della Repubblica jugoslava. Inoltre, il Comitato ha notato che lo Human Rights Watch ha trovato degni di fede i due volumi compilati dal ministero degli Esteri della Repubblica jugoslava, intitolati *I crimini della Nato in Jugoslavia*, e ha teso ad appoggiarsi a questa compilazione per quanto riguarda le cifre delle vittime negli specifici incidenti».

Il che, tradotto in linguaggio piú semplice, significa che il Tribunale ha considerato generalmente veritiere le dichiarazioni fornite dalla Nato (anche se, per l'evidente opposizione delle autorità atlantiche, non ha potuto interrogare direttamente nessuno dei comandanti e dei partecipanti alle azioni di guerra), mentre, per quanto riguarda i documenti jugoslavi si limita a notare che lo Human Rights Watch li trova affidabili, ma, per parte sua, li ha usati solo per la determinazione del numero dei morti e dei feriti. Istituita dall'Onu, e quindi tenuta alla piú assoluta imparzialità, la Corte "ad hoc" per i crimini nella ex Jugoslavia, ha operato, quindi, una distinzione preliminare sul valore da dare alle sue diverse fonti di documentazione, e contemporaneamente non ha formulato alcuna protesta per il rifiuto della Nato di permetterle di interrogare i testimoni richiesti.

Per quanto riguarda l'orientamento valutativo possiamo invece leggere: «La Nato ha ammesso che alcuni errori sono stati commessi nel corso della campagna di bombardamenti; vi possono essere stati anche errori di giudizio. La scelta di alcuni degli obiettivi da attaccare può essere oggetto di un dibattito legale. Tuttavia, sulla base delle informazioni prese in esame, il Comitato è dell'opinione che né una investigazione in profondità sulla campagna di bombardamenti nel suo insieme, né una investigazione riferita a specifici incidenti, sono giustificate. In tutti i casi, o la legge non è sufficientemente chiara, o è improbabile che le investigazioni possano portare all'acquisizione di prove sufficienti a sostanziare un'accusa contro inquisiti di alto livello, o contro inquisiti minori sospettati di crimini particolarmente ripugnanti»[44].

Cioè, traducendo ancora una volta in linguaggio piú diretto: errori della Nato ve ne sono sicuramente stati, ma, sulla base delle informazioni raccolte (vale a dire: che la Nato ha permesso di raccogliere), non si è potuto accertare nulla di sicuro. Inoltre, poiché è improbabile che l'atteggiamento della Nato cambi, è evidente che una investigazione piú approfondita non potrebbe dare risultati migliori. Quindi, meglio chiudere tutto e non parlarne piú.

Completato, in tal modo, il nostro quadro, la conclusione che se ne può trarre è che, se la formulazione di un ristretto codice universale dei diritti umani basato sul consenso rappresenta un obiettivo difficilmente realizzabile, ma legittimo, anzi lodevole, la istituzione di una Corte penale internazionale non lo è affatto: perché, nelle circostanze attuali, la imparzialità di un simile organo – e di conseguenza la sua legittimità e la sua stessa capacità operativa – si presenta come una semplice illusione, o un dichiarato inganno.

Infatti, mentre all'interno di un moderno Stato di diritto, per diviso che esso sia, i legami di appartenenza – che affondano le proprie radici sia in dati di fatto che in componenti psicologiche profonde – sono tanto forti da far sí che le decisioni del potere giudiziario, anche quando non sono totalmente condivise, si inseriscano però in uno sfondo di valori comuni, e quindi abbiano difficoltà a discostarsi da un comune senso di giustizia, nulla di neppure vagamente paragonabile si può pensare che esista, o che in un futuro prevedibile possa esistere, ad un livello mondiale. Con la conseguenza che, anche prescindendo dalla cattiva volontà degli uomini (che pure è un elemento non facile da trascurare), una Corte penale internazionale sarebbe fatalmente destinata ad essere l'espressione non del diritto e del consenso, ma solo della forza. Di una realtà, cioè, che non ha bisogno di una simile impalcatura per imporre ai piú deboli i propri comandi.

Infine, è bene non dimenticare che, a dispetto di tutte le limitazioni che si sono ricordate (la sudditanza nei confronti del Consiglio di sicurezza, la sua validità per i soli paesi firmatari, ecc.), l'attuale progetto di una Corte penale internazionale, messo a punto nel luglio del 1998, è rimasto da allora impantanato. Non molti, infatti, sono i paesi che lo hanno firmato e pochissimi sono quelli che lo hanno ratificato. E tra questi non vi sono né gli Stati Uniti né la Cina, perché è sufficiente la sua apparenza di organo giudiziario sovranazionale per spingere le due maggiori potenze mondiali – e non soltanto loro – ad assumere una posizione di rifiuto.

A questo punto, quindi, il nostro esame può considerarsi concluso. Le condizioni indispensabili per il legittimo esercizio di una ingerenza – la nascita di un codice universale generalmente accettato, e quindi non imposto ma consensuale, e la formazione di un organo capace di operare, in suo nome, in modo imparziale – si sono dimostrate irrealizzabili. Ma, in tal caso, è evidente che è l'intero progetto che deve essere accantonato. Il che significa che, attraverso l'analisi del "come" di una sua realizzazione, siamo arrivati a dare una riposta anche al "se".

Nel 1978, David Owen, allora ministro degli esteri inglese, ha fatto la seguente osservazione: «Quando ho cominciato a parlare a favore dei diritti umani, ho tenuto a precisare che c'era un prezzo da pagare, e che questo prezzo era un certo numero di contraddizioni [*inconsistency*] di tanto in tanto. Se dovessi fare oggi lo stesso commento, non direi piú una *piccola dose*, ma *una grande quantità* di contraddizioni»[45]. Rileggendo tali parole a quasi un quarto di secolo di distanza, non possiamo fare a meno di notare che, da allora, la situazione si è ulteriormente chiarita. Senza le condizioni di universalità e di imparzialità – anzi sotto il segno della improvvisazione, della unilateralità e, appunto, della "contraddizione": tra ciò che si decide di fare in un momento e ciò che si fa, o non si fa, in un altro – non vi può essere, insomma, nessuna attuazione dei "diritti" umani. Vi può essere, forse, occasionalmente, da parte di uno o piú Stati, una politica che essi decideranno, piú o meno in buona fede, di definire "umanitaria". Ma questa è una cosa molto diversa, della quale parleremo piú avanti.

Il "se" del diritto di ingerenza

Sebbene si sia appena affermato che la impossibilità di creare le condizioni indispensabili a realizzare correttamente una ingerenza sulla base dei diritti umani deve essere considerata un motivo sufficiente ad accantonare un simile progetto, è tuttavia senza dubbio utile, al fine di entrare un poco piú a fondo nella complessità di questo problema, dedicare qualche osservazione anche al secondo dei due aspetti che prima si erano indicati: vale a dire quello del “se”, a prescindere dal contesto in cui si colloca, il diritto di ingerenza possa rimanere egualmente, di per sé, una opzione praticabile. E quindi chiedersi: nel caso che si fosse riusciti a dar vita a un codice universale dei diritti umani da tutti accettato e ad una Corte totalmente indipendente, ed unanimemente riconosciuta come imparziale (del tipo, insomma, immaginato da Kelsen ma non dallo Statuto del 1998), l’esercizio del diritto-dovere di ingerenza nei confronti di uno Stato che viola i diritti umani potrebbe presentarsi come del tutto legittimo?

Il tentativo di trovare una risposta adeguata induce a dividere l’esame di questo problema in due parti. Ciò che infatti si deve prendere in considerazione è la legittimità sia del fine da raggiungere che dei mezzi a cui si potrebbe e dovrebbe far ricorso.

Per quanto riguarda il primo aspetto, non sembrano esservi dubbi. Sulla base dell’ipotesi che si è formulata, ci si troverebbe infatti di fronte ad una serie di Stati che non solo hanno deciso concordemente quali sono i diritti umani che, in tutti i casi, devono essere protetti, ma anche quale è l’autorità a cui deve essere affidato, senza restrizioni, tale compito: e che, cosí facendo, hanno, almeno in questo campo, limitata o addirittura annullata la loro sovranità. Per cui, se si volesse essere precisi, l’azione che, in un simile contesto, venisse intrapresa dalla Corte sovranazionale non meriterebbe neppure la qualifica di “ingerenza”: in quanto non sarebbe altro che l’esercizio di un potere che in precedenza le è stato conferito.

In termini molto diversi si presenta invece la situazione qualora, dal problema del diritto di intervento della eventuale istituzione sovranazionale, spostiamo l’attenzione sull’aspetto dei mezzi che essa potrebbe usare. La domanda che infatti sorge immediata è: quale forma di coercizione sarebbe in questo caso lecita? E, in particolare, nel caso che si decidesse di ricorrere a un intervento armato, fino a che punto esso potrebbe spingersi?

Le confusioni del pacifismo

Se, per orientarci, prendiamo come punto di riferimento l'ipotesi di una guerra, notiamo subito che, nel quadro di una simile situazione, il problema si pone in termini del tutto diversi. Non perché, nel caso di un classico conflitto armato, tutto sia permesso: posto che da secoli esiste uno *ius in bello* (vale a dire un insieme di regole che dovrebbero essere rispettate anche nel corso di una guerra), e che piú recentemente si è sviluppata la nozione di "crimini di guerra", cioè di atti che, se compiuti contro non combattenti (popolazione civile e prigionieri di guerra) dovrebbero essere considerati come totalmente illeciti. Ma perché queste restrizioni teoriche hanno sempre avuto conseguenze pratiche estremamente limitate. Col risultato che, di fatto, nessuno ha mai negato che i cittadini di uno Stato, siano essi o no soldati (si pensi solo ai grandi bombardamenti sulle città nel corso della seconda guerra mondiale, diretti esplicitamente a indebolire il "fronte interno"), possano essere considerati come parte integrante del corpo politico a cui appartengono, e che quindi ne condividano la sorte («la cittadinanza è un destino comune» dice giustamente Walzer)[46].

Tale logica – basata, come spesso avviene in politica, su una sorta di "semplificazione" – può tuttavia essere adottata anche nel caso del diritto di ingerenza, vale a dire di un intervento armato usato per imporre il rispetto dei diritti umani? Questa è la domanda che ci si può, anzi ci si deve, porre. E, se lo si fa, appare subito chiaro che la risposta non può essere altro che no. Perché, in questo caso, tra la motivazione dell'azione e i mezzi che verrebbero usati esiste una palese e insuperabile condizione di "incompatibilità".

Prima di entrare nell'analisi di tale aspetto, è però sicuramente opportuno sgombrare il terreno da un possibile equivoco: e cioè che la tesi che piú avanti verrà esposta possa essere in qualche modo ricondotta ad una ispirazione "pacifista". Il "pacifismo" infatti (se si vuol trovare una connotazione comune alla vasta ed eterogenea galassia – fatta di emozioni, di stati d'animo e di buone intenzioni – che si raccoglie sotto questa etichetta) consiste nel rifiuto categorico e incondizionato della guerra: o meglio di ogni ricorso, o addirittura di minaccia di ricorso, alle armi, perfino nel caso che l'una cosa o l'altra venga presa in considerazione da chi si trova esposto ad un pericolo immediato di aggressione.

È tuttavia sufficiente un minimo di riflessione a mettere in luce l'assurdità, e l'inaccettabilità, di una simile impostazione. «La "pace a qualunque costo" – ha scritto infatti negli anni '30 Giorgio Del Vecchio – equivale a una accettazione dell'arbitrio indeterminato, cioè torna al medesimo che la piú sfrenata violenza»[47]. E questo per il semplice motivo che – come, piú o meno nello stesso periodo, ha notato Carl Schmitt – «sarebbe sciocco credere che un popolo inerme abbia solo amici, e sarebbe ridicolo pensare che il nemico potrebbe forse essere commosso della mancanza di resistenza»[48]. Mentre, con altrettanta chiarezza, Hans Morgenthau ha precisato: «Sarebbe inutile, e perfino autolesionistico, liberare l'uno o l'altro popolo della terra dalla brama di potenza, lasciandola intatta in tutti gli altri. Se l'aspirazione di potenza non può essere eliminata ovunque, coloro che ne fossero per qualsiasi ragione immuni, diventerebbero semplicemente le vittime della potenza altrui»[49].

Per cui, nella sostanza, il risultato pratico di un "pacifismo assoluto" sarebbe non solo quello di permettere ai piú violenti, a coloro che sono pronti a minacciare e ad usare la forza, di imporre la loro volontà a tutti, ma anche di non eliminare o diminuire le guerre: perché, paradossalmente ma realisticamente, i popoli "pacifisti", e quindi assoggettati, potrebbero trovarsi presto costretti a combattere quelle decise dai loro oppressori.

L'uomo da "fine" a "mezzo"

Chiusa qui questa digressione, e confermato che, oggi come in passato, ogni Stato ha il diritto di ricorrere alla forza per difendersi contro un eventuale attacco (e anche che, senza un simile comportamento, la scena internazionale non diventerebbe piú pacifica e ordinata ma sicuramente piú violenta e disordinata), è subito necessario aggiungere che tutto quanto appena detto non ha nulla a che fare con la domanda sul "se" che ci siamo prima posti: vale a dire sulla assoluta libertà nella scelta degli strumenti attraverso cui dare attuazione ad un diritto coercitivo di ingerenza. Il rifiuto di un simile orientamento (anche nelle circostanze migliori: vale a dire nel caso che esista un codice consensuale dei diritti umani ed una autorità sovranazionale sicuramente imparziale in grado di applicarlo) deriva infatti, come si è accennato, dalla presenza di una incompatibilità, fondamentale ed insanabile, tra la motivazione e i mezzi che verrebbero usati. Dal fatto, cioè, che un'azione che si dichiara ispirata alla volontà di eliminare una violazione dei diritti umani subíta da alcuni individui non può in nessun caso realizzarsi producendo, contemporaneamente, una violazione degli stessi diritti in altri soggetti.

Nulla, assolutamente nulla, può sanare una simile contraddizione di fondo. A tale scopo, infatti, non può servire il fatto che le persone che vengono private del primo dei loro diritti (quello alla vita: ma considerazioni simili si possono fare per il diritto alla salute o ad un minimo di risorse vitali, violato dalle sanzioni economiche) sono cittadini di un paese il cui governo si è macchiato di gravi crimini: e questo non soltanto perché, in generale, il ricorso al concetto di "colpa collettiva" – e quindi di punizione indiscriminata – è qualcosa che ripugna alla moderna cultura occidentale, ma anche, e in modo piú specifico, perché essendo i diritti umani quelli che, per definizione, competono a tutti gli uomini "in quanto tali", cioè al di fuori della loro collocazione in uno Stato, e anche al di là delle loro eventuali colpe (Jack Donnelly dice che essi spettano «perfino al piú crudele torturatore»)[50], appare contraddittorio ripetere fino alla noia tale concetto, per poi dimenticarsene quando si tratta di far morire centinaia di uomini e donne sotto le bombe o di affamarne alcuni milioni con le varie forme di embargo[51].

A ciò si deve aggiungere che, ad ottenere una sanatoria di tale comportamento, non può contribuire neppure la teoria del "male minore". Questo tipo di calcolo, infatti, può trovare applicazione quando si tratta di scegliere tra due situazioni di fatto che si presentano come piú o meno negative o vantaggiose. Ma non può in alcun modo essere proposto nel momento in cui in gioco sono dei diritti, anzi piú precisamente quei diritti che, non a caso, vengono definiti "inalienabili": perché in questo caso la loro violazione si scontrerebbe, in modo frontale, con il criterio di Kant, secondo cui l'uomo deve essere sempre trattato come "fine" e mai come "mezzo"[52]. Infatti, come nota giustamente Ollero Tassara, «la pratica dei diritti umani [...] non è compatibile con atteggiamenti pratici in cui il fine giustifica i mezzi, perché in essi l'uomo concreto diventa un "mezzo" al servizio di un uomo astratto eretto a "fine". Calpestare la dignità dell'uomo appellandosi alla sua stessa natura è una contraddizione inumana»[53].

Tutta la tragica verità di queste parole viene alla luce quando – come è avvenuto nell'intervento contro la Serbia della primavera del 1999 – allo scopo di ottenere la realizzazione dei diritti umani, si è ritenuto lecito ricorrere alle bombe, comprese quelle a frammentazione (che seminano indiscriminatamente la morte tra i propri avversari) e ad uranio impoverito: le cui conseguenze ambientali a lunga scadenza nessuno è in grado di valutare[54]. A questo punto, infatti, il meccanismo della "dittatura della virtú" – che, per di piú è puramente nominale: perché in altri casi questa stessa "virtú" viene comodamente ignorata – rivela in pieno, come nel Terrore, la sua consequenzialità parossistica.

In realtà, nulla mette in luce, indirettamente ma limpidamente, la portata di tale contraddizione piú del comportamento che, nel corso dell'intervento della Nato nei Balcani, ha assunto un certo numero di intellettuali. I quali, dopo aver sostenuto che esso era pienamente giustificato sulla base dei diritti umani, lo hanno poi – da Cassese ad Habermas – presentato come una "guerra"[55]. E si sono espressi in tal modo per il semplice motivo che, mentre in un evento bellico, pur esistendo un dovere morale di ridurre al minimo il numero delle vittime tra la popolazione civile, è considerato normale che anche tra di essa vi siano delle vittime, la stessa cosa non si può ammettere nel caso di una azione di "polizia sovranazionale" ispirata ai diritti dell'uomo. Specie quando non si è di fronte a pochi episodi isolati, ma ad eventi ripetuti, che hanno coinvolto molte centinaia di esseri umani: la cui morte (anche scartando l'ipotesi peggiore: vale a dire di una scelta programmata dei comandanti militari atlantici, diretta a piegare la resistenza del gruppo di potere serbo) si presenta come la conseguenza inevitabile del tipo di azioni intraprese.

Ciò a cui, in questi casi, si assiste è quindi, nella sostanza, il classico gioco degli specchi. Nel momento di giustificare l'alto numero di morti, si decide infatti di parlare di "guerra". Ma poco dopo, quando si spera che questo dato sia stato dimenticato, si torna a parlare di una "azione di polizia internazionale", totalmente giustificata dal suo evidente fine "umanitario". Un piccolo espediente che, ovviamente, può funzionare solo con coloro che, in partenza, sono disposti a farsi ingannare.

Infine, un'ultima domanda. Nelle mani di chi il destino di questi uomini – una volta che si li sia ridotti a semplici "mezzi" – dovrebbe essere posto? Quale individuo, o gruppo di individui, può infatti, sia pure in una situazione drammatica, attribuirsi il compito di stabilire quali diritti umani devono essere realizzati, anche col ricorso alla forza, e quali invece, proprio per raggiungere tale scopo, devono essere ignorati e calpestati?

Se si esclude una situazione di guerra – al cui interno i singoli individui vengono, in quanto "cittadini", inglobati nella personalità del loro Stato – e se si esclude l'ipotesi della giustizia penale – nella quale la limitazione della libertà, fino alla negazione della vita, può essere il risultato di una precisa procedura di accertamento di colpa – è assolutamente inconcepibile che qualcuno possa attribuirsi il diritto di "sacrificare" una serie di esseri umani (o anche uno solo), perfino se fosse provato – e non è questo il caso degli interventi "umanitari" a cui abbiamo assistito – che in tal modo si risparmierebbe un numero molto alto di altre vite. Questo compito di separare i "salvati" dai "sommersi", infatti, può spettare – forse – a Dio. Ma se esso viene invece posto nelle mani degli uomini, ciò che in tal modo prende forma è una clamorosa manifestazione di *hybris*, di assurda esaltazione e di criminale perdita del "senso del limite". La quale, se viene accettata, o addirittura legittimata, può condurre ai risultati piú catastrofici.

Né tale divieto può essere aggirato con il ricorso ad una formula accattivante, quale è quella dell'esistenza di "doveri imperfetti". Lo scenario che stiamo esaminando non è infatti caratterizzato dalla mancanza di un soggetto a cui attribuire un determinato obbligo, che pure si presenta come chiaramente delineato[56], ma dalla inesistenza di un simile dovere. O meglio, e con piú precisione, dalla presenza di un dovere del tutto diverso: e cioè quello di non agire mai in modo da provocare il declassamento dell'essere umano (di un certo numero di esseri umani) da fine a mezzo. Perché nessun fine, per quanto "nobile", può consentire ad un uomo di assumere, nei confronti dei suoi simili, la posizione di dispensatore della vita o della morte.

E la controprova della forza di tale divieto si ha nel fatto che, in altre situazioni, anche di grave ed immediata emergenza, questa dispensa a cancellare il valore della vita non viene mai concessa: per cui l'autista di un'ambulanza che, dopo una calamità naturale, trasporta all'ospedale un gruppo di persone in fin di vita non è autorizzato a travolgere i passanti, cosí come il poliziotto che insegue un pericoloso assassino non può, per arrestarlo, sparare su chi gli sta vicino: anzi, tanto l'uno quanto l'altro, nel caso che cosí si comportino, non possono sfuggire ad un processo e ad una condanna. E allora, per quale motivo, questi stessi elementari criteri di garantismo – che rispettiamo sul piano interno, perché fanno parte integrante della nostra civiltà – vengono messi immediatamente da parte quando si tratta di (alcune) situazioni internazionali? Si può davvero credere che tutto questo è solo il frutto di improvvise ventate di disattenzione e di oblio, e non invece l'espressione di qualcosa di meno evidente ma di sicuramente molto preoccupante?

Per il momento, lasciamo in sospeso queste domande. E concludiamo sul problema del diritto di ingerenza

Se un fine che riteniamo giusto rivela di non poter essere raggiunto altro che attraverso azioni che sono ingiuste, anzi assolutamente inammissibili (perché in esse l'uomo viene declassato a semplice "mezzo", sia pure "per il bene" di altri uomini), allora è chiaro che è il nostro progetto – nel caso che sia davvero ispirato dal rispetto dei diritti umani, e non da altre valutazioni, di carattere utilitario – a dover essere rivisto. Tale obbligo deriva innanzi tutto da una valutazione di carattere etico: vale a dire dalla constatazione che i mezzi reagiscono inevitabilmente sui fini, contaminandoli; ma anche da un motivo pratico. È infatti difficile immaginare che il messaggio che un "bombardamento umanitario" lascia nella memoria collettiva (innanzi tutto di coloro che lo subiscono, ma non solo nella loro) possa essere quello della forza dei diritti umani e della loro universalità. E non piuttosto quello della loro debolezza, della loro incertezza, infine della loro soggezione ai calcoli della politica.

IV. Qualche annotazione a margine

Alla fine dello scorso capitolo, abbiamo visto i dilemmi, difficilmente risolvibili, a cui va incontro il concetto di un diritto umanitario di ingerenza. Il tentativo che verrà compiuto nelle prossime pagine sarà quello di ampliare tale quadro, affrontando una serie di situazioni e di problemi che si collocano al suo interno. Per vedere se è possibile, su questa base, riprendere subito dopo la linea centrale del nostro discorso, e cercare di avviarlo a compimento.

Il diritto di ignoranza

In uno dei suoi primi libri dedicati ai diritti umani (*Human Rights and State Sovereignty*, che è del 1981), Richard Falk indica, come una costante del dibattito su questo tema la presenza della dicotomia «invisibilità-supervisibilità»[1]: cioè la continua distinzione, in questo campo, tra situazioni che ricevono una grande, o perfino eccessiva, attenzione, ed altre che sono regolarmente dimenticate. Nella sua grande onestà, Falk sottolinea immediatamente che la creazione di queste due diverse categorie non è frutto del caso, né, tanto meno, della gravità dei crimini commessi (già allora, tra le situazioni dimenticate, Falk metteva in primo piano, infatti, «la tragica decimazione della popolazione timorese, come conseguenza della conquista e della pacificazione di Timor Est da parte dell'Indonesia»)[2], ma piuttosto «del modo in cui l'agenda dei diritti umani è orchestrata», cioè della sua «manipolazione da parte di gruppi con concreti interessi di un tipo o dell'altro»[3]. Il che ci porta, ovviamente, al problema dei "due pesi e due misure".

La "supervisibilità" di un determinato caso di violazione del diritti umani (essa stessa frutto della «tacita relazione tra gli Stati e la corrente principale dei mezzi di informazione»: sono ancora parole di Falk)[4], è infatti una precondizione della sua messa sotto esame, e sotto accusa, da parte dell'Onu e della opinione pubblica mondiale (o almeno occidentale). Mentre la sua "invisibilità" è il primo passo verso una sostanziale assoluzione. Per cui, al pari degli dei, che rendono folli coloro che vogliono perdere, si può dire che coloro che hanno piú potere (compreso quello di manipolare l'opinione pubblica) provano a rendere invisibili – nei confronti di ogni valutazione etica – coloro che desiderano salvare. Col risultato che, di fatto, al diritto di ingerenza fa da contraltare un altrettanto preciso, e certamente molto piú diffuso, "diritto di ignoranza".

Ma – ci si può chiedere – che c'è di male in tutto questo, vale a dire in quella piccola o grande "dose di contraddizione", di cui – come abbiamo visto nel capitolo precedente – già un quarto di secolo fa parlava David Owen? Che c'è di male, ad esempio, nel fatto che, rivolgendosi «ai popoli del mondo» all'indomani della fine dei bombardamenti Nato sulla Serbia, il presidente Clinton abbia tenuto ufficialmente ad informarli che «sia che voi viviate in Africa, o in Europa centrale, o in qualsiasi altro luogo, [dovete sapere che] se qualcuno prende di mira dei civili innocenti e cerca di ucciderli in massa, a causa della loro razza, della loro appartenenza etnica, o della loro religione, ed è in nostro potere fermarlo, noi lo fermeremo»[5], mentre pochi giorni dopo, quando l'attenzione mondiale si era spostata sui massacri in Cecenia, se l'è invece cavata con un «non possiamo fare tutto, dappertutto»[6]; o che il capo del suo Consiglio nazionale di sicurezza, Sandy Berger, richiesto di commentare la tragedia di Timor Est abbia ritenuto di potersela cavare con questa – non felicissima – battuta: «Voi sapete, mia figlia, nel suo college, ha un appartamento molto in disordine: ma forse non è il caso che io intervenga per pulirlo»?[7]

E la risposta è che ciò che c'è di male – in questo singolare aprirsi e chiudersi a comando dei rubinetti del giudizio etico-giuridico – è il cinismo. Qualcosa, cioè, che da sempre ha fatto parte della politica estera di tutti gli Stati (quale governo espansionista non ha giustificato le proprie imprese richiamandosi al bene dell'umanità?), ma che è assolutamente incompatibile con i diritti umani.

"E se non ora, quando?"

Uno dei paraventi dietro al quale cercano spesso di nascondersi, e di giustificarsi, tutti coloro – e non sono certo pochi – che vogliono difendere la legittimità di una attuazione selettiva dei diritti umani è la frase, da qualche tempo diventata colloquiale, "e se non ora, quando?"[8]. Di fronte a certe azioni esecrabili che suscitano in tutti noi un sentimento non solo di indignazione, ma anche di raccapriccio – chiedono a loro stessi e a noi tutti coloro che ricorrono a questo detto – vale a dire di fronte a massacri ed esecuzioni di massa che oggi, al contrario di quanto avveniva cento o anche solo cinquant'anni fa, possiamo conoscere e vedere in tutta la loro assoluta nefandezza, come è possibile rimanere immobili, magari trincerandosi dietro la tesi che tante altre tragedie simili sono avvenute in precedenza e sono rimaste impunite? Una simile impostazione, che vorrebbe essere morale, non si rivela, invece, totalmente disumana?

Lasciamo da parte il fatto che in molti casi quelli che ripetono con particolare enfasi queste frasi sono gli stessi che in situazioni analoghe, contemporanee o di poco precedenti, assumono un atteggiamento ben diverso, di indifferenza e di assoluto immobilismo: perché una simile risposta avrebbe la debolezza di tutti gli argomenti *ad personam*. E passiamo a quella che è invece l'obiezione di fondo: vale a dire che chi ragiona in questo modo fraintende la frase che usa come citazione.

Il senso profondo della espressione "e se non ora, quando?" è infatti che, qualunque siano i motivi – oggettivi o soggettivi – che, in passato, possono aver consigliato un comportamento diverso, vi è sempre un momento in cui, con un determinato problema, diventa indispensabile, e moralmente obbligatorio, fare i conti: perché esso ha ormai raggiunto una tale gravità, ed una tale evidenza, che, da quel punto in poi, ogni forma di distrazione, di prudenza, e di omissione di intervento, che prima poteva essere in qualche modo tollerata, deve essere considerata colpevole. Nulla però, né nel suo testo letterale né nel suo spirito, lascia intendere che, affrontata tale situazione, ci si possa arrestare, cioè che il caso che si ha sotto gli occhi possa assorbire, ed esaurire, tutto il nostro impegno. E che, quindi, l'"ora", a cui si fa riferimento, debba essere inteso come un "solo ora", che fissa, contemporaneamente, oltre ad un punto di partenza, anche un punto d'arrivo: dopo il quale si può comodamente tornare al vecchio atteggiamento di insensibilità etica e di noncuranza.

Al contrario, il suo criterio ispiratore è esattamente quello opposto: non di "singolarizzare" l'avvenimento che ci interessa, ma di prenderlo come espressione di qualcosa che ha un valore generale. Con la conseguenza che, da quel momento in poi, ciò che si richiede è che ogni situazione simile "debba" – e non solo "possa" – essere trattata allo stesso modo. Pena, nel caso che ciò non avvenga, la perdita di valore dell'iniziativa che si è appena deciso di adottare. Come intuí bene il pubblico ministero del processo di Norimberga, il giudice costituzionale americano Robert Jackson, quando, alla fine della sua arringa, in cui chiedeva la pena di morte per la maggior parte degli imputati, pronunciò le seguenti parole: «Se certi atti e violazioni di trattati costituiscono dei crimini, rimangono tali sia che a compierli siano gli Stati Uniti oppure la Germania. Noi non siamo preparati a formulare una regola di condotta criminale nei confronti di altri che non siamo pronti ad accettare che venga invocata anche contro di noi»[9].

Gli avvenimenti, nell'oltre mezzo secolo passato dal 1945, non hanno purtroppo fornito nessuna conferma all'auspicio di Jackson. Ma questo non toglie nulla al fatto che, almeno per chi non considera i diritti umani degli "spiccioli burocratici" (secondo la bella definizione di Philip Allot), vale a dire dei prodotti usa e getta, queste parole abbiano hanno conservato tutta la loro validità. E che quindi, quando, di fronte ad un avvenimento specifico, ci appelliamo al diritto-dovere di ingerenza umanitaria, noi dobbiamo essere consapevoli che, da allora in poi, noi ci impegniamo ad assumere lo stesso orientamento nei confronti di tutti gli altri che abbiano un identico carattere. E, se non lo facciamo, non è certo la ripetizione di "e se non ora, quando?" che potrà rendere il nostro comportamento meno riprovevole.

Fiat iustitia et pereat mundus

Osservazioni simili a quelle appena fatte appaiono valide anche a proposito di un'altra frase che, nel dibattito sulla attuazione, anche forzosa, dei diritti umani, viene piú volte citata: e cioè *fiat iustitia et pereat mundus.* Con questa espressione popolare – si chiedono, retoricamente, molti – non si vuol infatti indicare che, se ci si trova di fronte ad una situazione la cui ingiustizia è palese, ogni altra considerazione deve essere bandita, fino al punto che, pur di porle fine, anche la distruzione dello stesso mondo deve essere considerata come un rischio da accettare?

La risposta a tale domanda è tuttavia leggermente piú complessa di quanto non appaia a prima vista. Per cogliere l'esatto significato del detto citato è infatti opportuno esaminarne con precisione la costruzione.

Ciò che lo contraddistingue (sia che lo si consideri valido sia che, come fa Hegel, lo si giudichi «parole vuote»)[10], è che la correlazione stabilita tra i suoi due termini – la giustizia e la morte del mondo – è tanto stretta da determinare il contenuto di entrambi. Perché si possa rischiare, o addirittura invocare, un evento apocalittico, quale la scomparsa totale di ogni forma di vita associata, bisogna, infatti, che anche il primo aspetto – l'esigenza di fare giustizia – abbia lo stesso carattere, la stessa qualità di assolutezza. Vale a dire è necessario che ci si trovi di fronte non solo ad un atto grave ed altamente riprovevole, ma ad un vero e proprio "*monstrum* etico": e qui il pensiero corre subito al genocidio nazista. Posto che solo un folle potrebbe sostenere che ogni volta che si ha a che fare con un episodio o situazione moralmente inaccettabile sia opportuno agire in modo da porre a rischio la stessa sopravvivenza della umanità.

Il messaggio di *fiat iustitia et pereat mundus* – ammesso che ne abbia uno – è quindi di natura non pratica ma profetica e paradossale. Mira, cioè, a farci comprendere che, là dove l'ingiustizia abbia acquistato, o tenda ad acquistare, un carattere totale, anche il mondo – che a causa di tale ingiustizia cesserebbe di essere un luogo in cui gli uomini avrebbero la possibilità di vivere conservando la loro dignità – non meriterebbe piú di esistere. Mentre se riferita alla realtà politica concreta, essa – al pari di quanto avviene con "e se non ora, quando?" – non fornisce alcuna indicazione. Ed in particolare non può essere usata – come spesso si pretende – per isolare una singola situazione dal contesto generale in cui essa si colloca.

Chi opera in tal modo, e sceglie, ad esempio, di intervenire Kosovo ma non in Ruanda, o a Timor Est o in Cecenia, non riesce infatti a nascondere – anzi è costretto ad ammettere: perché troppo chiara è la realtà di fronte agli occhi di tutti – il carattere parziale, e quindi "relativo", della propria iniziativa, vale a dire il fatto che, nel nostro quadro internazionale, il diritto di ingerenza, anche in situazioni del tutto simili, si alterna con quello di ignoranza. Non volendo però rinunciare a tale comportamento ondivago, ritiene di potersi trarre di impaccio evocando una frase diretta a dare l'impressione che il suo comportamento è dettato dalla presenza di una esigenza etica totale. E, imboccata questa strada, porta la propria unilateralità – cioè il criterio dei "due pesi e due misure" – a tal punto che, mentre in molti casi rifiuta anche di muovere un dito, in quello da lui prescelto si sente perfino autorizzato a ricorrere alle armi dotate della portata piú letale. Cioè a provocare un limitato *pereat mundus* sulla base della propria versione personale, e certamente non disinteressata, della "ingiustizia assoluta".

Sempre rimanendo nel campo degli aforismi latini (in questo caso, però, non popolare, come quello appena esaminato, ma classico, dato che appare già in Cicerone), un'indicazione utile per il nostro tema sembra invece poter essere ricavata dal detto *summum ius, summa iniuria*. Il quale, ponendosi dal punto di vista non della giustizia assoluta, ma del diritto, vale a dire della legge umana, inevitabilmente limitata ed imperfetta, formula un consiglio alla prudenza: invita cioè a ricordare che, affrontando un singolo caso, voler portare le cose troppo in fondo, assumere un atteggiamento di totale intransigenza, può spesso provocare le conseguenze peggiori. E non solo dal punto di vista pratico, ma anche da quello della giustizia: la quale, per essere effettivamente tale, non può perdere mai di vista il criterio della equità.

L'elogio della ipocrisia

In molti tra i tanti volumi che, negli ultimi due decenni, sono stati dedicati ai diritti umani, uno dei temi ricorrenti è quello dell'importanza che il riconoscimento della loro validità da parte dell'opinione pubblica, e l'omaggio che viene loro tributato nelle dichiarazioni ufficiali e nei documenti internazionali, possono avere per una loro sempre piú piena realizzazione. Ovviamente, nessuno tra gli studiosi che sostengono questa tesi – poiché non si tratta sicuramente di ingenui – ignora che quasi sempre si ha a che fare solo con espressioni verbali: ed è per questo che, quando parlano di tale diffuso "rispetto", si affrettano ad aggiungere che esso si manifesta spesso *in words, if not in deeds*, nelle parole anche se non nei fatti[11]. Ma, ciononostante, questo costume appare loro di tale decisivo valore da spingerli a ricavarne i migliori auspici per il futuro. «Anche se questo "consenso" è, in larga parte, il complimento che il vizio fa alla virtú – scrive, ad esempio, Jack Donnelly – esso rivela una nozione della "virtú" largamente condivisa, una sottostante posizione morale di carattere "universale", che impone almeno l'apparenza di un assenso perfino da parte dei cinici e dei corrotti»[12].

Se si vuol trovare l'origine, in positivo, di tale impostazione, si deve, ancora una volta, risalire a Kant: che, come abbiamo visto (capitolo II, p. 28), ricollega «l'idea di un diritto cosmopolitico» al fatto che la «associazione [dei] popoli della terra» si è progressivamente tanto sviluppata da far sí che «la violazione avvenuta in un *punto* della terra è avvertita in *tutti* i punti»[13]. Una novità da lui giudicata giustamente decisiva. Ma non tanto da spingerlo a pensare che essa, di per sé, vale a dire nel suo solo aspetto intellettuale, sia in grado di produrre il cambiamento sperato. Come appare in modo assolutamente chiaro in una frase di poco precedente: «Questo omaggio che ogni Stato rende (almeno a parole) all'idea del diritto, dimostra che si riscontra nell'uomo una disposizione morale piú forte, anche se presentemente assopita, destinata a prendere un giorno il sopravvento sul principio del male che è in lui (cosa che egli non può negare) e a fargli sperare che ciò avvenga anche negli altri»[14].

Tutto, in Kant, ruota, insomma, intorno all'idea della legge morale come «fatto della ragione»[15], cioè come quel dato a tal punto oggettivamente presente nella coscienza di ogni uomo che la sua «voce fa tremare il malfattore piú audace e lo obbliga a nascondersi al suo cospetto»[16]. Negli attuali sostenitori della tesi della importanza decisiva del rispetto verbale per i diritti umani un simile fondamento metafisico è invece del tutto assente.

Per cui essi sono portati ad assumere un'impostazione puramente legalistica: come fa chi sottolinea che, dal punto di vista della legge, ciò che veramente conta sono le motivazioni ufficiali di un atto e non le sue possibili intenzioni riposte. Oppure – disinteressandosi completamente del fatto che l'intera storia dell'umanità è tappezzata di crimini compiuti dietro la trasparente facciata del rispetto della legge e ignorando il fenomeno, pur cosí corposo, dei *free-riders*: di tutti coloro che ostentatamente dichiarano la loro fedeltà a certe regole, proprio per trarre maggior profitto al momento di violarle – cerca di giustificare il proprio ottimismo ricorrendo alle tesi piú fantasiose: come quella che attribuisce all'effetto meccanico della ripetizione di concetti virtuosi la capacità di produrre una non meglio qualificata *cross-fertilization*, fertilizzazione incrociata, della politica con la morale[17].

Mettendo da parte ogni metafora, quello a cui si assiste è, dunque, un “elogio della ipocrisia”, non si sa se piú puerile o piú sfacciato. Perché non solo conferma che ogni Stato è autorizzato a comportarsi come meglio crede, ma ci assicura che se starà attento a pagare un *lip service*, un obolo verbale, alla bontà dei diritti umani, contribuirà certamente a porre in atto una sorta di processo virtuoso: che, al pari di quello alchimistico, trasformerà la materia vile in oro, le decisioni interessate in princípi etici, e da cui tutti, prima o dopo, trarremo grandi vantaggi.

I bombardamenti sulla Serbia e la “ermeneutica del sospetto”

Al momento di affrontare, nel precedente capitolo, il problema del diritto di ingerenza si è sostenuto che era probabilmente piú utile cercare di esaminare questo concetto nei suoi aspetti generali, piuttosto che partendo dal modo in cui ad esso si era fatto riferimento nel corso del lungo negoziato diplomatico e del successivo scontro armato che, a partire dalla fine del 1998, hanno contrapposto le potenze atlantiche alla Serbia. E si è addotto come motivo di questa scelta sia la grande quantità degli studi che, da diverse angolazioni e con differenti, e spesso opposte, conclusioni, hanno discusso tale tema, sia la non immediata necessità di un tale esame per lo sviluppo del nostro discorso.

Fatti ora alcuni passi avanti su questa strada, non si vede nessuna ragione per mutare orientamento. Ma, mantenendolo fermo, si partirà dalla constatazione che l'azione armata della Nato contro la Serbia è stata la prima che, in modo ufficiale, si è richiamata al criterio di un diritto di ingerenza a sostegno dei diritti umani, e si cercherà di valutare le considerazioni con le quali tale iniziativa è stata giustificata: non dai suoi estimatori piú incondizionati, le cui argomentazioni hanno carattere essenzialmente apologetico, ma da quelli che potremmo chiamare i suoi "sostenitori critici". Che sono stati sicuramente una minoranza: e tra i quali si colloca, in primo piano, Jürgen Habermas.

Al fine di valutare adeguatamente la posizione da lui assunta nel corso di questa crisi, appare utile cominciare con una ricognizione abbastanza ampia di quanto egli ha scritto, sul tema specifico della realizzazione, anche forzosa, dei diritti umani, negli anni immediatamente precedenti: diciamo a partire dalla seconda metà degli anni '90.

Lo sfondo generale delle osservazioni di Habermas è quello che è già stato possibile desumere dai brani dei suoi scritti citati nel corso dei primi capitoli di questo libro: vale a dire una forte aspirazione ad una nuova forma di diritto cosmopolitico ed una sincera convinzione che tale traguardo sia non solo raggiungibile, ma, almeno per alcuni aspetti, ormai non troppo lontano. Un orientamento – in cui è possibile scorgere anche un chiaro elemento di passionalità civile – che tuttavia non gli impedisce di valutare a pieno le difficoltà, ed anche i pericoli del suo progetto.

Il punto di partenza del ragionamento di Habermas è la sua convinzione che «dietro il velo della guerra totale voluta da Hitler si compí una vera e propria "rottura di civiltà", che scatenò un terremoto mondiale e accelerò la transizione dal "diritto delle genti" al "diritto cosmopolitico"»[18]. Quello che tale rottura produce non è, tuttavia, un risultato chiaro, ma piuttosto una fase di passaggio «che va dall'ordinamento degli Stati-nazione a un ordinamento cosmopolitico», ed al cui interno «non si sa bene quale sia il pericolo maggiore: se cioè si debba temere di piú il mondo in declino delle vecchie sovranità nazionali (da tempo spogliate della loro innocenza) oppure lo scontrarsi confuso di istituzioni e conferenze sovranazionali, che possono sí conferire problematiche legittimazioni, ma che dipendono dalla buona volontà degli Stati e delle alleanze piú potenti»[19].

Ciò di cui Habermas appare convinto è che, tra questi pericoli, il piú grave potrebbe essere quello del "fondamentalismo dei diritti umani". Una situazione di questo tipo si svilupperebbe, a suo giudizio, nel caso in cui «una organizzazione mondiale [...] fornisse legittimazione morale, ammantandola con una pseudolegittimazione giuridica, ad un intervento armato che di fatto fosse soltanto lotta di un partito contro un altro. In casi come questi, l'organizzazione internazionale (o l'alleanza che agisse per suo incarico), verrebbe a compiere un vero e proprio "inganno". In quanto presenterebbe come operazione di polizia – neutrale e giustificata da leggi e sentenze suscettibili di essere messe in esecuzione – ciò che in verità è semplicemente uno scontro militare tra fazioni belligeranti»[20].

Giunto, in tal modo, alla conclusione che «una moralizzazione *immediata* della politica produrrebbe effettivamente nell'arena mondiale gli stessi dannosi effetti generati dallo scontro del governo con i suoi nemici interni»[21], Habermas indica quindi un'altra strada per ottenere il risultato ottimale che ha in mente: «Se stabilissimo infatti una situazione di diritto cosmopolitico, allora le violazioni dei diritti umani non sarebbero piú giudicate e avversate *immediatamente* da una prospettiva morale, bensí piuttosto perseguite come si perseguono le azioni criminali nel quadro di un ordinamento giuridico statale: vale a dire attraverso procedimenti giuridici istituzionalizzati. Per impedire che il diritto venga confuso con la morale, non dobbiamo fare altro che trasformare lo stato di natura vigente tra gli Stati in una situazione giuridica di legalità. Solo cosí potremmo garantire agli accusati – anche nei casi oggi rilevanti dei crimini di guerra e dei crimini contro l'umanità – una piena tutela giurisdizionale, vale a dire una tutela contro ogni forma incontrollata di discriminazione morale»[22].

Tale esposizione, che è dotata di una sua indubbia coerenza interna, viene tuttavia messa bruscamente da parte nel momento in cui la crisi dei Balcani raggiunge, nella primavera del 1999, la sua fase culminante. Perché allora Habermas – quasi dimenticandosi di quanto pochi mesi prima aveva scritto, con espressioni particolarmente perentorie, sia sui pericoli che potrebbero contrassegnare l'azione da parte di una «alleanza dei paesi piú potenti», decisa a prendere nelle proprie mani la realizzazione con la forza dei diritti umani, sia sulle indispensabili garanzie da assicurare anche agli "accusati" dei crimini piú gravi, al fine di evitare ogni forma di discriminazione morale – sposa la tesi che «di fronte alla "sotto-istituzionalizzazione" del diritto universale, [la politica dei diritti umani] è per certi versi costretta ad anticipare la futura condizione cosmopolitica che cerca al tempo stesso di promuovere»[23]. Giunge, cioè, alla conclusione non solo della legittimità ma della «inevitabilità» di una «forma temporanea di paternalismo»[24].

E lo fa senza curarsi (lui sempre cosí puntuale nella citazione di testi kantiani) né della definizione che Kant dà di questo tipo di governo, come «il peggior dispotismo che si possa immaginare»[25], né del fatto che l'esempio piú classico di «una forma temporanea di paternalismo», vale a dire di un esperimento di supplenza in attesa di tempi piú maturi, è quello che ci viene fornito dalla Rivoluzione francese: quando, di fronte agli ostacoli che, anche dopo l'eliminazione della monarchia e il trasferimento di tutto il potere al popolo, bloccavano la nascita di quella "volontà generale" teorizzata da Rousseau, Robespierre e i suoi amici ritennero che solo il Terrore potesse aprire la strada ad una società fondata sulla virtú[26].

Poiché è sempre sbagliato confondere l'analisi psicologica con quella politica, rinunciamo in partenza ad ogni tentativo di spiegazione personale di questo orientamento di Habermas (anche se il fatto che altri pensatori tedeschi, ad esempio Beck, abbiano assunto posizioni simili, o perfino piú spinte, potrebbe indurre ad ipotizzare l'influenza di quell'elemento imponderabile che, per la Germania, è costituito dal "passato che non passa"). E limitiamoci alla constatazione che il minimo di cui una simile impostazione ha bisogno, per evitare ogni ipotesi di "inganno" (che lo stesso Habermas, come si è visto, giudica possibile)[27], è di certificare la totale buona fede di chi, nei confronti dell'attuazione dei diritti umani, si assumesse, unilateralmente, un simile compito di "supplenza": riempiendo con una propria iniziativa il vuoto prodotto dalla persistente "sotto-istituzionalizzazione" del diritto universale[28]. Infatti, è solo se il totale disinteresse di chi si attribuisce tale compito è chiaramente dimostrato che la sua iniziativa potrebbe essere, non diciamo giustificata, ma almeno accettata. Ma come ottenere questo risultato?

Habermas crede di potervi riuscire richiamandosi alla formula della "ermeneutica del sospetto"[29]: vale a dire rovesciando l'onere della prova. E quindi, invece di affrontare una seria analisi dei fatti (comportamenti, dichiarazioni, precedenti storici, ecc.), diretta a dimostrare il suo assunto, ricorre all'espediente di rivolgere, a tutti coloro che la pensano diversamente da lui, l'accusa generica di partire da un orientamento preconcetto di malevola diffidenza: che – a suo giudizio – li squalificherebbe, non solo come giudici imparziali, ma anche come normali osservatori, i cui argomenti e giudizi sono degni di essere ascoltati.

Che è un procedimento davvero singolare. E non tanto perché tutta la cultura occidentale, sia, originariamente, nella ricerca di una "verità" capace di distinguersi dalla "opinione", sia, piú tardi, con il rifiuto di una verità rivelata e del principio di autorità, si è sviluppata seguendo la strada del dubbio e dell'approfondimento al di là delle apparenze. Ma anche perché, dal punto di vista strettamente fattuale, nella genesi della crisi balcanica e poi nel suo svolgimento, gli aspetti tutt'altro che chiari (sul modo in cui gli americani hanno "negoziato" con il governo di Belgrado, sull'esatta portata della pulizia etnica serba prima dell'inizio dell'intervento armato della Nato e sulla possibilità di attribuirle la connotazione di "genocidio", infine sul carattere davvero involontario e casuale delle perdite inflitte dai bombardamenti aerei alla popolazione civile serba) sono quanto meno sufficienti a giustificare, anzi ad imporre, un supplemento di ricerca e di indagine[30].

Habermas, tuttavia, su questo punto non è disposto a fare nessuna concessione. Liquida quindi, senza discutere, i temi a cui si è già accennato (ed altri non meno complessi: come l'esistenza o meno di un tentativo americano di allargare, attraverso questo scontro, la propria sfera di influenza, e di fare di una "nuova Nato" il braccio armato di tale progetto), prende per buone tutte le informazioni e le cifre fornite dalle autorità atlantiche, sposa cioè in pieno, sia pure con qualche precauzionale distinguo, la tesi di una "guerra altruista"[31] e dell'"umanesimo militare"[32]. E lo fa per il semplice motivo che non può regolarsi altrimenti. Cioè perché se anche un solo dubbio fosse ammesso sull'ispirazione assolutamente disinteressata dell'intervento militare degli Stati Uniti e dei loro alleati, allora la tesi della legittimità di una "supplenza" occidentale – al fine di promuovere "temporaneamente" i diritti umani non ancora realizzabili per altra strada – andrebbe in frantumi. La perentorietà e la violenza apodittica delle asserzioni di Habermas sono, insomma, direttamente proporzionali alla fragilità dei presupposti della sua costruzione pratico-teorica, e quindi al pericolo di crollo a cui essa, se esaminata con attenzione, si troverebbe inevitabilmente esposta.

Naturalmente, anche se tutto quanto afferma Habermas fosse vero, rimarrebbe sempre valida quella che si può chiamare la "obiezione kantiana" a un diritto di ingerenza teso ad imporre con la forza il rispetto dei diritti umani: e cioè che, essendo inevitabile che un intervento armato coinvolga e uccida un certo numero di componenti della popolazione civile, ed essendo escluso – proprio in base alla visione dei diritti umani – che questi uomini e donne (e bambini) possano essere considerati solo come "appendici", del loro Stato (e ancor meno del loro governo), il loro declassamento a "mezzo" – per qualsiasi altro scopo, anche il piú "nobile" – si presenta come inammissibile.

Su questo punto, che abbiamo già affrontato nel terzo capitolo, ritorneremo ancora piú avanti. Mentre per il momento possiamo limitarci a notare che, servendosi della vasta quantità di ricerche e di analisi compiute negli ultimi anni, ognuno ha la possibilità di formarsi da solo un giudizio sulla validità o meno dell'impostazione di Habermas. Avendo però ben chiaro che, se una "ermeneutica del sospetto" è forse una cosa non lodevole, sostituirla con una "ermeneutica della credulità", o della sottomissione – insomma con un "pensiero unico" – sarebbe sicuramente una cosa molto peggiore.

Infine, prima di concludere, un'ultima osservazione. Sempre partendo dal concetto di una supplenza (o, se si preferisce di «una forma temporanea di paternalismo»)[33] nella gestione dei diritti umani, Habermas sostiene che, «anche se non si può intervenire dappertutto», era un dovere intervenire in Kosovo: e motiva questa scelta sulla base del fatto che questa regione si trova «sulla porta di casa nei Balcani lacerati dalla guerra»[34].

Di tale frase, va evidentemente trascurata, in quanto irrilevante, la seconda parte: visto che "lacerate" da guerre – perfino peggiori, almeno dal punto di vista quantitativo – sono state, nello stesso periodo, una serie di altre regioni: da Timor Est alla Cecenia. Per cui, un peso determinante può essere attribuito solo alla sua prima metà: quella riferita al fatto che il Kosovo si trova «sulla porta di casa» dell'Europa occidentale, e quindi dell'intero sistema atlantico.

E allora, come sfuggire alla domanda di quale è la validità di una simile scelta? Infatti, anche trascurando tutte le obiezioni che si possono fare – e che nelle pagine precedenti sono state fatte – contro la tesi di un ricorso selettivo al diritto di ingerenza umanitario, il minimo che si dovrebbe richiedere da chi adotta tale orientamento sarebbe di giustificare la propria decisione sulla base di criteri oggettivi, cioè impersonali: in primo luogo la gravità delle violazioni commesse, poi la quantità delle persone coinvolte, ecc. Mentre del tutto privo di valore dovrebbe essere il luogo in cui tali crimini vengono commessi: nel caso specifico, la loro maggiore o minore vicinanza ai paesi occidentali.

La conseguenza di questa precisazione finale di Habermas è quindi chiaramente paradossale. Dopo aver tanto protestato contro la "ermeneutica del sospetto", egli, con la sua breve frase sulla collocazione geografica del Kosovo, ottiene esattamente il risultato opposto: di indurci cioè a pensare che, forse, qualche dubbio sulle motivazioni esclusivamente umanitarie dell'intervento atlantico nei Balcani può non essere del tutto inopportuno.

Due piccole contraddizioni

Il dilemma "umano-disumano"

In un articolo pubblicato sulla rivista *Dissent*, nella primavera del 1999, Michael Walzer afferma di considerare «perfettamente giustificato, perfino obbligatorio»[35] l'intervento della Nato nei Balcani, che in quel momento era ancora in corso, ma definisce il ricorso ai soli bombardamenti aerei «il sentiero piú facile, che tuttavia conduce ad un'anomalia morale» [36]. E spiega cosí il suo pensiero: «Noi siamo pronti, evidentemente, a uccidere i soldati serbi, siamo pronti a correre il rischio di quelli che eufemisticamente vengono chiamati i "danni collaterali" ai civili serbi e anche kosovari, ma non siamo pronti a mandare in battaglia i soldati americani [...] Ma questa non è una posizione morale. *Tu non puoi uccidere se non sei pronto a morire*. Questa è una frase difficile [...] Ciononostante, questi dirigenti politici [quelli della Nato, *n.d.a.*] non possono lanciare una campagna diretta a uccidere i soldati serbi, e destinata inevitabilmente a uccidere anche altri, se non sono pronti a rischiare la vita dei loro soldati. Essi possono provare, devono provare, a ridurre il piú possibile questi rischi. Ma non possono pretendere, e noi non possiamo accettare, che quelle vite [di soldati e civili serbi, *n.d.a.*] siano spendibili, e queste no»[37].

Tale posizione, per quanto in quei mesi minoritaria, non può essere considerata isolata. Un settimanale autorevole e non certo estremista come *The Economist* era infatti giunto, contemporaneamente, alle stesse conclusioni, quando aveva definito «downright immoral», assolutamente immorale, la scelta atlantica di affidare unicamente agli aerei le azioni di guerra nei Balcani, «al fine di evitare qualsiasi perdita alleata, pur sapendo che tale politica significa la morte e la devastazione per molti innocenti kosovari (e serbi)»[38].

Se osserviamo realisticamente questa tesi – che appare di semplice buonsenso, perché in effetti lo spettacolo degli abitanti della Serbia esposti ai colpi dei bombardieri di alta quota della Nato, senza avere alcuna possibilità di colpirli a loro volta, aveva certamente qualcosa di molto imbarazzante – ci accorgiamo tuttavia facilmente che il tentativo di assumerla come criterio operativo si scontra con un ostacolo insormontabile. La strada dei bombardamenti ad alta quota – piuttosto di quella dell'intervento terrestre o anche delle incursioni aeree a bassa quota – è stata infatti imboccata dai paesi atlantici non solo per il desiderio – come dice *The Economist* – di ridurre al minimo le loro perdite, ma, ancor prima, perché erano consapevoli che le loro opinioni pubbliche, mentre erano pronte ad applaudire una missione a costo zero, avrebbero immediatamente voltato la spalle ad un'impresa che avesse richiesto il sacrificio anche solo di alcune centinaia di vite dei loro concittadini.

E allora, se le cose stanno cosí (ed è difficile dubitarne), quello a cui ci troviamo di fronte è un singolare meccanismo, che richiama alla mente il binomio "umano-disumano" di cui si tanto a lungo occupato Carl Schmitt. La tesi di questo controverso, ma geniale, filosofo politico è che una guerra fatta nel nome dell'umanità rischia, nei fatti, di dimostrarsi la piú disumana: perché una volta che «al nemico sia stata tolta la qualità di uomo», vale a dire che esso sia stato «dichiarato *hors-la-loi* e *hors-l'humanité*», la lotta, nei suoi confronti, può e deve «essere portata fino all'estrema inumanità»[39]: superando, al fine di combatterlo e di sconfiggerlo, ogni limite sia giuridico che etico.

Ora, con il tema di un intervento umanitario affidato unicamente ai bombardamenti ad alta quota, lo stesso problema ci ritorna davanti, nella forma non piú di una valutazione etico-giuridica, ma in quella di un elementare sillogismo basato su dei semplici dati di fatto. E cioè: 1) i governi atlantici erano favorevoli ad un intervento armato di natura umanitaria; 2) le loro opinioni pubbliche non erano però disposte a sacrificare una parte dei loro cittadini per missioni di questo tipo; 3) non rimaneva allora altra possibilità che cercare di raggiungere lo scopo con mezzi che non provocassero perdite umane agli attaccanti; 4) in questo caso era però inevitabile che l'intervento umanitario si servisse di mezzi di combattimento sempre piú indiscriminati, ed acquistasse quindi aspetti sempre piú disumani[40].

Una ultima conseguenza di tale sillogismo è che limitarsi, nei suoi confronti, a sollevare obiezioni unicamente "estetiche" – derivanti dall'imbarazzo che suscita lo spettacolo di uno scontro tra un soggetto potentemente armato ed uno piú o meno inerme – non serve a nulla, anzi suscita un certo fastidio. Piuttosto, bisognerebbe trarne la conclusione che una gestione "a buon mercato" del diritto di ingerenza non è ammissibile, e che di conseguenza interventi simili dovrebbero essere quanto meno rimandati, al momento in cui coloro che li vogliono effettuare fossero (come governi e come popolazioni) a tal punto convinti del loro valore etico, da essere pronti a pagarne personalmente il prezzo. Ma questa è una linea di ragionamento che non può essere fatta propria da chi, in partenza, ha deciso che il diritto di ingerenza umanitario può, già oggi, essere esercitato.

"La guerra è guerra"

In parte proprio al fine di evitare di trovarsi di fronte ad un simile dilemma, sempre nei mesi centrali della crisi nei Balcani molti hanno preferito adottare un orientamento, diciamo cosí, a mezza strada: e quindi si sono limitati a sostenere che, trattandosi non di una guerra ma di una missione umanitaria, essa doveva essere condotta prestando una molto maggiore attenzione alle perdite umane, specie nella popolazione civile. Il punto, però, è che non è chiaro come queste lodevoli intenzioni potrebbero, concretamente, essere realizzate.

Se, infatti, diamo per scontato di aver a che fare non con dei pazzi che desiderano lo scontro armato per se stesso, ma con dei soggetti politici mediamente razionali, dobbiamo ammettere che, se essi hanno deciso di ricorrere all'uso della forza, è perché si sono prima convinti che gli obiettivi che intendono realizzare non possono essere raggiunti in modo diverso. Di conseguenza, una volta presa una simile decisione, l'unico obiettivo che essi si possono proporre non può essere altro che quello di vincere: o totalmente o parzialmente, ma in tutti casi in maniera sufficiente a spingere l'avversario a cambiare la sua posizione precedente. Naturalmente, anche chi è partito da queste premesse può, in un successivo momento, cambiare orientamento, perché si rende conto che una vittoria – totale o parziale – è impossibile, e si convince che è meglio cercare una pace, di compromesso, o addirittura di capitolazione: può cioè, sotto la spinta dei fatti, correggere o abbandonare il suo originario orientamento. Ma, fino a quando la sua decisione rimane quella di seguitare a cercare una soluzione di forza, tutti i suoi sforzi, e tutti i suoi mezzi, devono essere diretti al conseguimento del fine che si è proposto: perché, altrimenti, non si vede per quale ragione avrebbe cominciato a combattere.

Tale impostazione logica non cambia, e non può subire alterazioni, in base alla natura del motivo per cui si è deciso di ricorrere alle armi. Tanto nel caso che esso sia di natura egoistica, tanto in quello che esso abbia invece un carattere idealistico, è infatti evidente che, fino a quando lo scontro è in corso, la forza deve essere usata nella maniera idonea a raggiungere lo scopo. Regolarsi diversamente – usarne solo un poco, operare piú lentamente, ecc. – non servirebbe infatti a nulla. Anzi potrebbe essere, perfino dal punto di vista umanitario, controproducente: visto che, prolungando la lotta, aumenterebbe probabilmente il numero delle vittime.

Tutto questo significa che, una volta incominciato, un intervento armato in nome dei diritti umani non ha modo di distinguersi da una normale guerra. Nei confronti della quale, tuttavia, si rivela privo di una eguale coerenza.

Una guerra, infatti, è una prova di forza tra due soggetti politici riconosciuti – gli Stati – che si battono per la difesa di quelli che ritengono i loro "interessi vitali", e nel cui quadro le rispettive popolazioni civili vengono considerate come semplice espressione del corpo collettivo in cui sono inserite, e ne condividono quindi – fino alla morte – il destino (anche se, in teoria, non dovrebbero diventare, direttamente, oggetto delle azioni belliche).

Una iniziativa in nome dei diritti umani dovrebbe, invece, essere qualcosa di totalmente differente: perché essa, sulla base della sua ispirazione originaria, non solo non considera i cittadini dello Stato contro cui si è deciso di intervenire come sue "parti integranti", ma li giudica soggetti dotati di una individualità etica e giuridica a se stante. Al tempo stesso, però, è evidente che tale differenza viene fatalmente cancellata dalla scelta di ricorrere alla forza. Nell'attimo stesso in cui le operazioni militari cominciano, i singoli cittadini dello Stato che si è deciso di punire – che fino a poco prima erano stati idealmente separati dal suo corpo – vi vengono, infatti, automaticamente "reintegrati". Diventano cioè degli obiettivi che, nel corso dei combattimenti, possono essere legittimamente colpiti.

Tra l'intenzione dichiarata e l'azione che viene effettivamente intrapresa si apre, in tal modo, un fossato incolmabile. Che alcuni cercano di nascondere parlando alternativamente, secondo quello che nel momento sembra loro piú opportuno, ora di "iniziative di polizia internazionale in nome dei diritti umani", ora di "guerra" (vedi capitolo precedente). Ed altri tentano solo di addolcire, pretendendo di stabilire una differenza qualitativa tra come si dovrebbe combattere una guerra e come si dovrebbe combattere un intervento umanitario. Ottenendo forse, gli uni e gli altri, il risultato di confondere le idee. Ma non certo quello di mutare, neppure di un poco, la sostanza dei fatti.

V. L'imperialismo dei diritti umani

Le conclusioni che si possono trarre da quanto esaminato nel capitolo precedente sono due. E cioè: 1) che l'idea di una imposizione con la forza (*enforcement*) dei diritti umani – vale a dire di un insieme di criteri che, nel momento attuale, ha ancora il carattere di una diffusa aspirazione ideale, privo però di una precisa strutturazione giuridica – si presenta come un progetto altamente discutibile, esposto, ad ogni suo passo, a gravi pericoli di fraintendimento e di abuso; 2) che, in questo quadro, la tesi che un simile compito possa essere affidato in gestione temporanea (sulla base di un indefinito criterio di "supplenza") ad un paese – o gruppo di paesi – è del tutto inaccettabile: se non altro perché non si vede in che modo – cioè senza cadere in una clamorosa contraddizione – una visione interamente fondata sulla autonomia di tutti gli uomini, in quanto titolari di identici diritti, possa poi porre il destino di questi stessi individui (anche nel suo aspetto piú decisivo e concreto: la vita o la morte) nelle mani di un potere esterno, la cui legittimazione deriva solo da un atto di "auto-investitura".

Tuttavia, è proprio una simile impostazione che, in un clima di diffusa rinuncia ad ogni serio esame critico (o, se si preferisce, di quasi totale prevalenza di un "pensiero unico"), ha cominciato negli ultimi tempi a prevalere. Un fenomeno a cui, semplificando, si possono attribuire due cause: la nascita di un mondo unipolare, contrassegnato dalla presenza di una sola superpotenza, e la vocazione da parte di questo soggetto politico – gli Stati Uniti – ad assumersi tale ruolo "imperiale".

La nascita di un mondo unipolare

La sostituzione, a partire dall'inizio dell'ultimo decennio del XX secolo, di un mondo bipolare con uno unipolare viene comunemente attribuita all'improvvisa fine dell'"impero sovietico": vale a dire alla scomparsa, prima, della dominazione di Mosca sui paesi dell'Europa centro-orientale e, subito dopo, della stessa Urss. E si tratta di una percezione che può essere accettata, ma solo se, contemporaneamente, viene precisata e qualificata.

Il crollo dell'Urss e la globalizzazione

Per cominciare, infatti, è indispensabile notare che il prodursi di questo fenomeno – di doppio disfacimento – affonda le sue radici nel carattere puramente formale che, fin dall'inizio, ha avuto la "bipolarità" Urss-Usa. Eguali nella capacità di distruggersi reciprocamente, le due superpotenze non lo sono mai state, infatti, per quanto riguardava tutto il resto. Nel senso che mentre, grazie all'enorme ricchezza e vitalità della sua società, l'America era in grado di svolgere una politica effettivamente globale, l'Urss faticava perfino a mantenere il controllo dei paesi a cui, con la forza, era riuscito ad imporre le sue stesse strutture economiche e politiche. Col passare del tempo, inoltre, questo dislivello aveva cominciato ad assumere proporzioni sempre piú macroscopiche. Al punto che già alla metà degli anni '80, il gruppo dirigente sovietico sembrava essere giunto – con Gorbačëv – alla faticosa conclusione che solo attraverso un accordo con il suo tradizionale avversario il paese avrebbe potuto sottrarsi ad una crisi mortale. Con la conseguenza che, nella sostanza, il mondo bipolare aveva cominciato a sgretolarsi molto prima che gli avvenimenti del biennio 1989-91 ne suggellassero ufficialmente il definitivo superamento.

Al fine di completare tale quadro, ciò che è però importante non trascurare è che la nascita di un mondo effettivamente unipolare è dovuta anche al fatto che, sul processo politico a cui si è appena accennato, se ne è innestato un altro di natura del tutto differente: che è quello della globalizzazione, vale a dire della totale e immediata unificazione economica e finanziaria del nostro pianeta.

Di questo fenomeno – i cui aspetti salienti sono la circolazione sempre piú libera di tutte le merci, gli spostamenti sempre piú immediati di immensi capitali, il carattere ormai del tutto transnazionale degli investimenti, infine l'ingigantirsi dei flussi migratori – non è certamente il caso di provare a dare, in questa sede, una descrizione ed una valutazione Per lo sviluppo del nostro ragionamento, è infatti sufficiente sottolineare le sue ripercussioni sulla posizione internazionale degli Stati Uniti: vale a dire il modo in cui esso contribuisce a rafforzare, e ad esaltare, quel carattere unipolare della scena mondiale che già era stato prefigurato dalla scomparsa dell'Urss come «altra superpotenza».

In un mondo in cui ogni paratia stagna – tra Stato e Stato e tra continente e continente – tende ad essere demolita e in cui le poche "regole" che appaiono destinate a sopravvivere sembrano non doversi proporre altro scopo che quello di eliminare qualsiasi ostacolo allo sviluppo spontaneo del mercato (in cui, cioè, si afferma sempre piú spesso la tesi che la legge deve *mimick the market*, recepire puntualmente gli andamenti del mercato)[1], è inevitabile che il paese che, da ogni punto di vista (dimensioni fisiche ed economiche, potenzialità produttive, innovatività scientifica e tecnologica, potenza militare), si distanzia ampiamente da tutti gli altri, diventi il centro intorno a cui tutto finisce col ruotare: vale a dire che la globalizzazione si trasformi rapidamente, perfino al di là di ogni progetto politico, in "americanizzazione".

A tale fenomeno, che si colloca al livello economico-sociale, si deve inoltre aggiungere la novità che si produce in quello politico-militare: e che consiste nel declino – definitivo, per quanto riguarda il futuro prevedibile – del concetto, e del criterio operativo, che, per tre secoli, aveva dominato e regolato il sistema internazionale: quello dell'equilibrio di potenza[2]. Neppure ipoteticamente, infatti, è ormai piú possibile immaginare che il potere americano possa essere "bilanciato" da quello non diciamo di uno Stato, ma anche di una coalizione di altri Stati. E questo perché anche un eventuale accordo di questa natura – peraltro molto difficilmente raggiungibile, date le differenze di fondo che separano i suoi possibili firmatari – non riuscirebbe mai a dar vita ad una capacità operativa e specialmente ad una volontà unitaria paragonabili a quelle che l'America è in grado di esprimere.

La conseguenza di tutto questo è la nascita del quadro internazionale, apparentemente paradossale ma in realtà del tutto comprensibile, che oggi abbiamo di fronte: in cui decine di paesi di ogni continente e di ogni orientamento politico (si pensi solo al trionfale viaggio di Clinton in Vietnam, alla fine del 2000) si muovono guidati dalla convinzione che il modo piú sicuro, o forse unico, di assicurarsi qualche vantaggio sia quello di sfruttare i propri "migliori rapporti" (quando non, addirittura, come nel caso dell'Inghilterra, le proprie "relazioni speciali") con Washington, e non quello di ostacolarne i progetti.

Il soft power e la nascita del "pensiero unico"

Gli aspetti che abbiamo fin qui esaminati – e cioè: la condizione degli Stati Uniti come "unica superpotenza", la globalizzazione che si trasforma in americanizzazione, e lo svuotamento del concetto di "equilibrio di potenza" – non sono tuttavia ancora sufficienti a spiegare in pieno il carattere specifico del nostro mondo. Bisogna quindi aggiungervi qualcosa d'altro.

Un primo passo su questa strada può essere compiuto richiamandosi a due circostanze storiche. Innanzi tutto, appare legittimo sostenere che il profilarsi solitario dell'America alla vetta della scena mondiale è strettamente legato alla crisi di fiducia in se stessa che ha colpito l'Europa occidentale dopo la fine della sua lunga "guerra fratricida" durata dal 1914 al 1945, e che si riflette anche nella sua attuale incapacità di darsi una identità comune: perché è ovvio che non vi sarebbe oggi una America totalmente dominante se i paesi che, per secoli, hanno guidato il pianeta non avessero perso il gusto per il loro ruolo e per la loro indipendenza. Un peso notevole, inoltre, è necessario attribuire ad un'altra circostanza, che si colloca nello stesso contesto storico: e cioè il clamoroso fallimento dell'esperimento comunista. Visto che è evidente che le forme aberranti che la sua realizzazione ha assunto in Unione Sovietica hanno, almeno temporaneamente, screditato il tentativo di dar vita ad un modello di convivenza civile e di sviluppo economico alternativo a quello borghese-capitalistico.

Per quanto sicuramente importanti, neppure questi due elementi di carattere storico riescono però a dar conto in maniera adeguata di quello che, giustamente, può essere considerato l'aspetto qualitativo essenziale del quadro che abbiamo di fronte: vale a dire l'attuale capacità dell'America di esercitare una forma concreta di dominio non solo sulle decisioni ma anche sulle menti, sui desideri e sulle propensioni vitali di moltissimi degli europei, e, piú in generale, di gran parte degli abitanti del globo[3].

Il campo che ci si schiude davanti, appena si sfiora tale tema, è cosí ampio da scoraggiare un approccio sistematico. Contentiamoci quindi di qualche osservazione generale: partendo dalla premessa che il fenomeno che ci interessa è in parte la conseguenza, sostanzialmente naturale, del modo – del tutto eccezionale – in cui gli Stati Uniti si collocano nel quadro mondiale, e in parte il frutto di un certo numero di loro concrete iniziative, dirette a raggiungere, appunto, tale risultato.

All'interno del primo aspetto si collocano una serie di situazioni, che vanno dalla assoluta egemonia degli Stati Uniti nel settore delle produzioni audiovisive e delle altre forme di consumo e di intrattenimento (i vari Disneyland, McDonald's, ecc.) alla immediata adozione, al livello planetario, delle loro innovazioni tecnologiche e di gran parte delle loro "mode" e costumi, con la conseguente diffusione, in ogni campo, di parole, sigle e termini che, coniati oltre Atlantico, si insinuano, in numero ogni mese crescente, nei diversi linguaggi nazionali.

Questi fenomeni, e nessuno può metterlo in dubbio, hanno anche evidenti cause economiche: per fare un solo esempio, il dominio della cinematografia americana è sicuramente favorito dal fatto che i film prodotti negli Stati Uniti giungono sul mercato mondiale quando i loro costi sono stati già coperti su quello interno. Del tutto assurdo sarebbe però negare la presenza di una componente psicologica: vale a dire di una predisposizione generale ad accogliere con favore tutto ciò che proviene dal paese-guida. Come sbagliato sarebbe non vedere che le ricadute di tale stato di cose non sono solo finanziarie – i soldi che finiscono alle "case madri" americane – ma hanno una portata molto piú ampia. Da sempre, infatti, chi controlla le immagini e le parole degli uomini controlla anche una parte della loro anima. E questo è specialmente vero nel caso delle nuove generazioni, cioè di tutti coloro che non hanno mai conosciuto, e non riescono neppure a concepire, un modo di vivere e di sentire diverso[4].

Quello a cui, da tempo e in modo ormai rapidamente crescente, assistiamo ricorda da vicino, insomma, quanto, sui libri di storia, abbiamo letto a proposito della Cina: che per alcuni millenni si presentò come l'"Impero di mezzo", proprio perché con la sua "massa" – che non era solo di carattere fisico ma anche culturale – costituiva il punto obbligato di gravitazione per tutto il mondo circostante. Nel caso dell'America, questo fenomeno tende ad acquistare confini ancora piú vasti. Diventata l'incarnazione della modernità (o meglio della postmodernità), cioè di quello stile di vita che ha nel consumismo e nel culto del semplice "accadere" (lo *happening*) il proprio credo (ed il proprio super-io), essa ha il modo di esercitare, su spazi sempre piú grandi, il proprio *soft power*, il proprio potere morbido. Che, per il fatto di essere tale, vale a dire di operare per attrazione invece che per imposizione[5], non è, però, meno concreto e produttivo. Tanto piú se si tiene presente che la sua diffusione è favorita dall'esistenza di un monopolio di fatto nel campo dell'informazione.

Grazie ai suoi satelliti che osservano e registrano tutto ciò che avviene in ogni parte del globo, ai suoi computer sempre all'avanguardia come velocità e sofisticazione, e all'insieme di forze organizzative e produttive che si addensano in questi settori, l'America attuale ha infatti una capacità di «raccogliere, elaborare, sfruttare e diffondere informazioni»[6] assolutamente imparagonabile a quella di tutti gli altri Stati. I quali, quindi, finiscono per dipendere da lei in ogni campo: anche il piú essenziale come quello della sicurezza. Per cui non c'è nulla di paradossale nella tesi che, cosí come la prevalenza in campo nucleare è stata la chiave dell'egemonia americana durante il periodo della guerra fredda, un'egemonia ancora piú vasta si presenta oggi come la conseguenza inevitabile del suo attuale dominio nel campo dell'informazione[7].

Anche perché – ed è fin troppo ovvio – informare significa anche disinformare. L'America, che, attraverso il sistema di ascolto globale "Echelon", ha la capacità – e rivendica il diritto – di conoscere tutto[8], non solo, infatti, fornisce in modo "selettivo" ciò che essa sa agli altri paesi, compresi i propri alleati, ma, grazie a tale sua posizione dominante, ha la possibilità di influenzare le loro percezioni attraverso la diffusione di dati abilmente manipolati. Come, in maniera chiarissima, si è visto nel corso dei due interventi armati degli anni '90: quando l'opinione pubblica europea fu, prima, indotta a credere che l'Irak fosse improvvisamente diventata la quarta potenza militare del mondo, e pochi anni piú tardi fu spinta a stabilire l'equazione emotiva immediata secondo cui i serbi erano sostanzialmente eguali ai nazisti[9].

Infine è impossibile trascurare un aspetto che, molto opportunamente, mette in luce Serge Latouche: e cioè che uno degli "aiuti" che, piú spesso l'Occidente (e quindi in primo luogo l'America) si dimostra pronto ad offrire ai paesi meno sviluppati è quello di fornire loro gratuitamente, via satellite, una serie di notiziari[10]: che, anche se non espressamente propagandistici, non sono certamente privi di un preciso impatto "formativo" su coloro che li ascoltano.

Gli europei che "pensano" americano

Se quello che sin qui si è indicato è l'aspetto spontaneo dell'attuale processo globale di "satellizzazione" (molto piú efficace di quello tentato a suo tempo dall'Urss), l'altra faccia di questa stessa medaglia è quella delle iniziative attraverso cui gli Stati Uniti mirano a stabilizzare tale stato di cose, e a dargli un carattere sempre piú concreto e prevedibile. Finita la guerra fredda, nel corso della quale l'America aveva ritenuto indispensabile dotarsi di strutture politico-militari capaci di permetterle di intervenire a tutto campo (ed è questo orientamento che viene spesso viene indicato come il *security imperialism*, l'imperialismo giustificato da un'esigenza di sicurezza)[11], tale spinta espansiva non si infatti è arrestata. Come dimostrano infinite iniziative, che sarebbe lungo perfino enumerare (si pensi solo alla Voice of America che, ancora oggi, trasmette in una cinquantina di lingue). Delle quali, però, almeno una merita di essere ricordata.

Alla metà degli anni '50, il governo di Washington dà vita all'"International Military Education and Training Program" (Imet). Il suo compito è di invitare i vari paesi alleati o amici ad inviare ogni anno, negli Stati Uniti, alcune migliaia dei loro ufficiali. I quali, nel loro soggiorno – che può essere di alcune settimane o di molti mesi – vengono addestrati «ai metodi militari americani e alle relazioni democratiche in campo civile-militare». Negli anni successivi tali visite possono ripetersi piú volte, o nel quadro dello stesso Imet, o in altri centri simili che si trovano a Garmisch e nelle Hawaii. Fino a tutto il 1995 – ultimo dato disponibile – i militari stranieri che avevano frequentato i corsi dell'Imet erano stati oltre mezzo milione[12].

Se ci chiediamo quale è il risultato (e, prima ancora, lo scopo) di tale iniziativa, non abbiamo difficoltà a trovarlo nella creazione di una situazione in cui una parte notevole della classe militare di ognuno dei paesi politicamente vicini agli Stati Uniti cresce e si sviluppa assimilando, fin dai gradi piú bassi, non solo i criteri puramente tattici, ma anche le concezioni strategiche e politiche di Washington. Con la conseguenza che quel corpo (le Forze armate) che, per tradizione, dovrebbe, in ogni Stato, essere il custode piú vigile della identità nazionale, sviluppa in non pochi casi (per quanto riguarda l'Italia, si pensi solo alla vicenda di Ustica) idee e percezioni molto confuse su quali sono gli "interessi" che è suo dovere prioritario difendere.

Se poi, a quanto detto, si aggiunge che lo stesso tipo di rapporto – di sostanziale integrazione – si stabilisce spesso tra i servizi segreti americani e quelli dei vari paesi amici, ci rendiamo conto che il concetto di *soft power* si arricchisce di un nuovo e preoccupante risvolto. Infatti, se è certo che la vera fonte della egemonia degli Stati Uniti deriva dalla capacità della loro cultura e del loro modello di vita di imporsi su scala planetaria, egualmente vero, però, è che a tale elemento di adesione spontanea vediamo aggiungersene uno di condizionamento diretto, ottenuto attraverso il controllo dell'informazione (e della disinformazione), e la creazione, in ogni paese, di classi dirigenti (i militari non sono i soli ad essere invitati a ricevere un "training" in qualche centro studi degli Stati Uniti) che, avendo acquisito parametri mentali americani, rispecchiano nelle azioni tale loro dipendenza.

Preso atto di tale fenomeno di soggezione – dell'intero mondo e di quello atlantico in particolare – nei confronti degli Stati Uniti, è bene subito notare la impossibilità di valutarne la profondità e quindi la durata: non tanto a causa delle capacità di resistenza e di reazione da parte dell'Europa (la cui disponibilità a integrarsi, in posizione subalterna, nel "sistema americano" appare ogni giorno piú evidente), quanto per i possibili sviluppi nel "resto" del pianeta mondo. Già oggi, infatti, è facile constatare come ad una "omologazione" di molti paesi del Terzo e Quarto mondo, per quanto riguarda i modelli di vita e di consumo dell'Occidente, faccia costantemente da contraltare (vedi capitolo II) una forte capacità di sopravvivenza delle loro impostazioni tradizionali, che si manifesta spesso in episodi di violento rifiuto, fino ai limiti del microterrorismo. E tutto induce a credere che tale orientamento sia destinato non a indebolirsi ma a rafforzarsi, mano a mano che la ricchezza complessiva di tali società andrà progressivamente aumentando[13].

Ha quindi sicuramente una sua legittimità la tesi che l'egemonia "mentale" americana può essere considerata un fenomeno che, per quanto attualmente pervasivo, è probabilmente piú precario di quanto, a prima vista, non possa sembrare. Nel momento attuale, tuttavia, è evidente che essa, presentandosi come il frutto di una schiacciante superiorità, che non è solo di natura economica e militare, tende ad assumere, nella coscienza collettiva, il connotato immediato di un semplice "fatto".

L'eccezionalismo americano

La unipolarità del nostro mondo (intesa nel suo senso specifico come orientamento collettivo verso un unico "polo": gli Stati Uniti) rappresenta tuttavia – e lo si è già accennato – solo una faccia del quadro che ci siamo proposti di esaminare: ed al cui interno nasce la tesi di una "supplenza" nell'esercizio dei diritti umani. L'altra faccia, essenziale per la sua comprensione, è costituita dall'orientamento che l'America assume in tale contesto, vale a dire dall'idea che essa ha di se stessa, e della propria collocazione sulla scena mondiale.

Questo tema è stato già sfiorato nelle pagine immediatamente precedenti: quando si è parlato delle iniziative attraverso cui il governo di Washington cerca di rendere piú stabile la propria egemonia. Al fine di valutarlo meno superficialmente è tuttavia bene rendersi conto che esso non è solo il frutto dell'enorme quantità di potere – concreto e simbolico – che attualmente l'America è in grado di esercitare, ma ha radici anche piú lontane: nel modo in cui gli americani, nel corso della loro breve storia, si sono posti il problema della natura, o se si preferisce, del destino, del loro paese. Un argomento indubbiamente complesso, per affrontare il quale appare utile lasciare la parola ad uno degli studiosi che con maggiore acutezza lo hanno esaminato, Arthur Schlesinger, seguendo la traccia che egli ce ne offre in uno dei suoi libri piú significativi, *The Cycles of American History*.

Il punto di partenza di Schlesinger è la originaria presenza, all'interno della società americana, di due diversi ed opposti filoni psicologici e culturali. Il primo dei quali è quello, realistico e pragmatico, che ha trovato una chiara espressione nell'insegnamento dei Padri fondatori: consapevoli che, a causa delle imperfezioni e delle debolezze etiche degli uomini (compresi i loro stessi concittadini) l'"esperimento americano" avrebbe anche potuto fallire[14]. Mentre il secondo è di ispirazione apertamente millenarista. E si riflette in una vasta letteratura popolare, in cui gli Stati Uniti vengono presentati come la "Nuova Gerusalemme", la "Città sulla collina" verso cui – in quanto «posto in cui Dio creerà un nuovo Paradiso, una nuova Terra» – tutte le nazioni devono guardare (come scrive Edward Johnson)[15], e i cui cittadini si presentano come «il popolo eletto, l'Israele del nostro tempo [...] predestinato da Dio [a compiere] grandi cose», e quindi a «lasciarsi alle spalle il resto delle nazioni» (per usare le parole di Herman Melville)[16].

La lunga esperienza dell'isolazionismo, accompagnata dall'indebolimento di quella consapevolezza storica che tanta parte aveva avuto nella preparazione culturale dei Padri fondatori, pone le basi – a dispetto di voci dissenzienti quali quelle di Ralph Waldo Emerson e di Walt Whitman – per un costante sviluppo di questo secondo orientamento. Alla fine del XIX secolo – nel momento in cui, con la guerra contro la Spagna, gli Stati Uniti compiono il primo passo sulla strada di un sempre maggiore coinvolgimento nei problemi mondiali – una vasta approvazione accoglie quindi le parole di chi, partendo dalla premessa che «Dio non ha preparato per migliaia di anni il popolo teutonico e di lingua inglese solo per una vana ed oziosa autocontemplazione», ritiene di poter concludere che «tra questi popoli, [Egli] ha indicato quello americano come la sua nazione eletta per la rigenerazione del mondo»[17], da realizzare attraverso l'esercizio di un «imperialismo della rettitudine»[18].

Tale orientamento non cambia, anzi si rafforza, nel periodo successivo. «Il diciannovesimo secolo – scrive infatti Schlesinger – ci appare immerso nella storia, se lo si paragona al ventesimo. Oggi, a dispetto di tutta la conservazione dei cimeli e dello show-business degli anniversari, noi siamo diventati, per quanto riguarda l'interesse e la conoscenza, un popolo essenzialmente senza storia [...] La allucinazione americana ha messo radici durante la lunga vacanza dal mondo della realtà. Quando l'America è rientrata in questo mondo, la immensità del suo potere [la ha] confermata»[19].

I fatti provano l'esattezza di tale diagnosi. Se infatti, al momento di lanciare la sua grande crociata per la ristrutturazione della società internazionale, all'indomani della fine della prima guerra mondiale, Woodrow Wilson afferma: «L'America è la unica nazione idealista del mondo. Il cuore di questo popolo è puro. Il cuore di questo popolo è verace [...] Esso è la grande forza idealistica della storia»[20], i suoi successori, anche se spesso politicamente in contrasto con lui e di certo dotati di minor spirito profetico, ne seguono esattamente le orme.

Anche per loro, infatti, la "eccezionalità" del loro paese, e quindi il suo diritto di rivendicare una posizione unica sulla scena internazionale, è un dato incontestabile. Come risulta chiaro dalla "dottrina" che Henry Stimson, allora segretario di Stato, proclama nel 1932. La quale, richiamandosi ad una precedente dichiarazione del presidente Hoover («un atto di guerra in ogni parte del mondo è un atto che pregiudica gli interessi della mia nazione»)[21], definisce la guerra «una cosa illegale», ed aggiunge: «Di conseguenza quando due Stati si ingaggiano in un conflitto armato, o uno di loro o tutti e due sono dei trasgressori. Noi non isoliamo la loro situazione e non la trattiamo con le finezze di un codice di onore. Noi li denunciamo come violatori della legge»[22]. Legge di cui gli Stati Uniti si considerano i principali custodi e che quindi si riservano il diritto di imporre, unilateralmente, con tutti i mezzi ritenuti piú opportuni[23] (anche se questo, ovviamente, non impedí loro, quattro anni piú tardi, di essere tra i primi a riconoscere la conquista fascista dell'Etiopia)[24].

Per tornare a Schlesinger, la sua conclusione è la seguente: «Quaranta anni dopo, la teoria dell'America come salvatrice del mondo aveva ricevuto il superbo imprimatur di John Foster Dulles [...] e, partendo di lí, il paese si è precipitato negli orrori del Vietnam [...] E in tal modo, la allucinazione ha portato la nostra repubblica, dalla idea originaria dell'America come un esperimento esemplare, all'idea piú recente di essere il giudice designato, la giuria e il carnefice [*executioner*] dell'intera umanità. Né tale infatuazione è stata curata dal Vietnam. "Io ho sempre creduto", ha detto infatti il presidente Reagan nel 1982, "che questa terra consacrata è stata, in un modo singolare, distinta da tutte le altre, e che un piano divino ha posto questo grande continente tra gli oceani, perché esso fosse trovato da persone di ogni parte del mondo, che avevano uno speciale amore per la fede e la libertà"»[25].

Lo strano caso del dottor Alvarez-Machain

L'insieme di pulsioni vitali e di ideologia che vengono racchiuse sotto l'etichetta dell'"eccezionalismo americano", vale a dire della convinzione diffusa dei cittadini degli Stati Uniti di costituire una società diversa e migliore di tutte le altre, e quindi di avere il diritto di rifiutare di essere posta sul loro stesso piano, è insomma un dato corposo, impossibile da ignorare se si vuol cercare di comprendere la storia e i comportamenti di questo paese. Le sue manifestazioni sono, ovviamente, infinite: dalle piú macroscopiche (come il concetto di un "destino manifesto", che ha guidato e legittimato la conquista del West e lo sterminio dei pellirosse) a quelle piú quotidiane. In alcuni casi sono anche decisamente singolari. E tra queste ultime, almeno una merita di essere ricordata.

Il 20 aprile del 1990 gli agenti della Drug Enforcement Organization, l'agenzia governativa americana incaricata della lotta alla droga, prelevano con la forza, dal suo studio di Guadalajara, il medico messicano Humberto Alvarez-Machain, accusato di aver partecipato al rapimento, conclusosi con la morte, di due loro colleghi, Enrique Camerana-Salazar ed il suo pilota. Imbarcato su un aereo privato, Alvarez-Machain viene condotto negli Stati Uniti, precisamente ad El Paso, e lí consegnato alla polizia locale, che lo mette in prigione, in attesa di giudizio[26].

Il governo messicano protesta immediatamente, sostenendo che questa azione viola le leggi internazionali, in particolare perché tra il loro paese e gli Stati Uniti esiste, dal 1978, un Trattato di estradizione. Chiede quindi al governo di Washington di riconsegnargli il dottor Alvarez-Machain, impegnandosi a portarlo rapidamente di fronte ad un tribunale messicano. Una protesta analoga giunge dal Canada, che, avendo anch'esso un trattato di estradizione con gli Stati Uniti, ritiene di dover ricevere delle assicurazioni. In entrambi i casi, la risposta americana è negativa[27]. Dopo qualche tempo, quindi, il caso viene sottoposto all'esame della Corte suprema di Washington.

La decisione di questo tribunale – presa il 15 giugno 1992, con sei voti favorevoli e tre contrari – è che il prelevamento forzoso di Alvarez-Machain non ostacola in alcun modo il suo processo da parte del tribunale penale americano che lo aveva incriminato. E ruota tutta intorno al problema specifico della estradizione. Nella sentenza leggiamo infatti che, anche se «potrebbe essere corretto [affermare] che il rapimento della persona indiziata sia stato scioccante» e che «esso possa essere avvenuto in violazione dei princípi generali della legge internazionale»[28], «tuttavia [esso] non costituisce una violazione del Trattato di estradizione tra gli Stati Uniti e il Messico». E questo per il motivo che tale trattato non contiene nessuna clausola che vieta espressamente un'azione come quella compiuta dagli agenti della Dea[29]; e che una simile proibizione non può essere derivata dai princípi generali della legge internazionale[30]. Da qui la conclusione che «il rapimento dell'indiziato non impedi[sce]» il suo processo negli Stati Uniti[31].

Il parere contrario – scritto da uno dei tre giudici rimasti in minoranza, John Paul Stevens – espone un orientamento del tutto opposto. Fatta la premessa che «la pretesa del governo [americano] che il Trattato [di estradizione] permette un rapimento governativo con la forza, trasformerebbe questi, ed altri, impegni in pure parole al vento [*verbiage*]»[32], esso sostiene che la mancanza di una clausola che proibisce il rapimento, non può significare che tale Trattato, invece di stabilire un criterio generale per regolare queste vertenze, abbia «solo indicato un metodo opzionale per risolver[le]». Perché – aggiunge – se le cose stessero cosí, allora si dovrebbe arrivare alla conclusione che «nel caso che gli Stati Uniti ritenessero piú efficace ricorrere alla tortura o uccidere una persona, invece che cercare di ottenerne l'estradizione, anche queste scelte sarebbero disponibili, in quanto non sono espressamente escluse dal Trattato»[33].

A questa prima critica, limitata al problema di ciò che è lecito o non lecito tra Stati legati da accordo di estradizione, il parere di minoranza ne aggiunge un'altra di portata molto piú ampia. E lo fa citando le parole di un importante giurista internazionale, Louis Henkin, che scrive: «Se compiuto senza il consenso del governo interessato, il rapimento di una persona da un paese straniero è una grave violazione del diritto internazionale ed una grave espressione di mancanza di rispetto per quelle norme che hanno una posizione elevata nell'opinione dell'umanità. È infatti una palese violazione della integrità territoriale di un altro Stato, e ottiene il risultato di svuotare di significato il sistema dell'estradizione (fondato su un complesso reticolo di trattati, che coinvolgono praticamente tutti gli Stati)»[34].

La tesi che una iniziativa unilaterale di questa natura costituisce una manifestazione di disprezzo, non solo per le convenzioni internazionali, ma per ogni idea di una ordinata convivenza tra i popoli, fu condivisa, in quelle settimane, anche da una parte della stessa classe politica americana. Nel corso di una audizione di fronte a una commissione del Congresso (dedicata proprio al nostro tema), il consigliere legale del Dipartimento di Stato si sentí, infatti, porre le seguenti domande (alle quali, tuttavia, rifiutò di rispondere): «È immaginabile che possiamo mandare qualcuno a Parigi, per impadronirsi di una persona che consideriamo come un terrorista? Quale sarebbe la nostra reazione se un qualsiasi Stato straniero (mettiamo la Gran Bretagna) inviasse qui un suo agente e catturasse a New York, Boston o Philadelphia un individuo sospettato di essere un terrorista [...] solo perché noi ci si siamo rifiutati di estradarlo?»[35].

Per quanto pertinenti, tali domande non riescono tuttavia a mettere in luce, fino in fondo, la pericolosità delle implicazioni presenti nell'atteggiamento che la Corte suprema americana, rifiutandosi di condannarlo, ha implicitamente convalidato. Se, anche in presenza di un trattato di estradizione, il governo degli Stati Uniti si riserva il diritto di catturare con la forza ogni persona che una sua Corte penale abbia incriminato (si badi bene, non condannato, ma solo incriminato), è ovvio che, a maggior ragione, questo stesso governo può ritenere legittima tale pratica quando un simile trattato non esiste. Di conseguenza, l'intero pianeta e l'intera umanità (perché non ci sono soggetti, neppure i dirigenti politici o i capi di Stato, che in teoria possono considerarsi al riparo da tali iniziative) vengono lasciati aperti, come campo di azione, agli interventi degli organi pubblici americani. Ma che cosa accadrebbe se un paese soggetto a tali incursioni provasse a resistere, opponendosi con la forza? O se qualche altro Stato – e lo si è già accennato – decidesse di adottare lo stesso criterio di azione nei confronti degli Stati Uniti? I governanti di Washington americani accetterebbero una simile violazione della loro sovranità, o almeno si limiterebbero – come ha fatto il Messico, nel caso di Alvarez-Machain – a delle semplici proteste verbali? Dati i precedenti, è difficile pensarlo. E allora, quale scenario si produrrebbe se questo orientamento acquistasse carattere universale?

Ovviamente, si può rispondere che queste sono solo ipotesi astratte, perché di America ce n'è una sola. Ma questo significa spostare il discorso dal piano del diritto a quello della forza, dall'imperio della legge al dominio della pura potenza.

Ed è appunto questa la conclusione a cui, al termine della sua relazione di minoranza, giunge il giudice supremo Stevens. Il quale, dopo aver raccontato come, di fronte ad un caso simile a quello del medico messicano, un tribunale del Sudafrica aveva emesso una sentenza del tutto opposta, scrive: «La Corte di appello del Sudafrica – e in realtà, io ritengo, la maggioranza di tutte le Corti, di ogni paese del mondo civile – saranno profondamente turbate dalla "mostruosa" decisione annunciata oggi dalla Corte suprema [americana]: perché ogni paese che è interessato al governo da parte del diritto [*Rule of Law*] è colpito, direttamente o indirettamente, da una decisione di questa natura. Infatti, come ha ammonito Thomas Paine, "la avidità di punire è sempre pericolosa per la libertà", perché spinge un paese a "forzare, a interpretare falsamente e applicare erratamente perfino le leggi migliori"»[36].

Thomas Paine, tuttavia, apparteneva alla prima delle due correnti della mentalità americana indicate da Schlesinger, quella incarnata dai Padri fondatori, ispirata al realismo e alla moderazione, e non a quella messianica, ormai da tempo prevalente. Già tre anni prima della sentenza che abbiamo esaminato, infatti, tale impostazione aveva trovato una espressione ufficiale in un documento dell'Ufficio legale del potere esecutivo. Dove, senza esitazioni, si affermava che «il presidente ha il potere di ignorare le consuetudinarie [*customary*] leggi internazionali»[37].

Infine, e per concludere con il problema dell'eccezionalismo degli Stati Uniti, come non scorgere un riflesso di tale impostazione in una serie di altri comportamenti "minori" della società americana? Nel fatto, ad esempio, che essa considera del tutto normale che i suoi militari, anche colpevoli di crimini avvenuti all'estero e le cui vittime siano straniere, debbano essere giudicati solo da tribunali nazionali (come nel caso della funivia del Cermis, precipitata con i suoi cinquanta passeggeri, ma anche in quello, poco successivo e non meno clamoroso, del sottomarino che, tornando improvvisamente a galla, ha ucciso una decina di ragazzi giapponesi) per essere poi, da queste Corti, regolarmente assolti? Oppure, il costante ripresentarsi, negli Stati Uniti, dell'aspirazione a dotarsi di uno "scudo spaziale"? Il fatto che tale progetto – ideato da Reagan, in funzione antisovietica, nella fase finale della guerra fredda – appaia ora in via di realizzazione, in un momento in cui l'America non può realisticamente temere un attacco nucleare da parte di nessun altro Stato (diverso è il discorso per quanto riguarda una "bomba terrorista": nei confronti della quale, però, uno scudo spaziale non fornisce alcuna garanzia), non mette cioè in luce, meglio di mille parole, fino a che punto la maggioranza degli americani desidera sottolineare, con un suggello immediatamente visibile, la posizione del tutto particolare del loro paese sulla scena internazionale: vale a dire il suo diritto di sottrarsi alla comune condizione nucleare – in cui ogni Stato è, di fatto, ostaggio nelle mani degli altri – per raggiungere una condizione di invulnerabilità che, qualitativamente, lo separi dagli altri popoli del pianeta?

La nascita del globalismo unilaterale

Accertato il ruolo che l'"eccezionalismo" ha, in generale, nella mentalità e nella cultura americana, il tema che rimane da esaminare è quello del modo in cui esso si riflette sui comportamenti politici, una volta che, finita la guerra fredda, ha cominciato a collocarsi nello sfondo del mondo unipolare. E questo ci obbliga ad un esame, necessariamente non breve, della evoluzione, nell'ultimo decennio, della posizione degli Stati Uniti nei confronti dei problemi internazionali.

Dal "nuovo ordine mondiale" al multilateralismo assertivo

Il punto da cui appare piú opportuno partire è che l'orientamento che a lungo ha ispirato la politica estera americana, vale a dire l'isolazionismo, è un fenomeno piú complesso di quanto, spesso, non appaia.

«L'isolazionismo – ci spiega infatti, ancora una volta con esemplare chiarezza, Arthur Schlesinger – non ha mai significato la separazione dell'America dal mondo. La sua essenza era piuttosto il rifiuto di ogni impegno nei confronti degli altri Stati, e l'insistenza su una totale libertà nazionale di azione [...] "Se ci si vuol esprimere in modo pomposo", ha scritto infatti nel 1951 Richard Rovere, "l'unilateralismo è diventato il nuovo isolazionismo. Agire da soli; rispondere alla forza con il massimo di controforza; essere convinti che non esiste nessun sostituto della vittoria; non preoccuparsi delle conseguenze: questi sono i dogmi della nuova fede. E si tratta di una fede piú vivida, piú avventuristica, piú pericolosa del placido isolazionismo provinciale di un Borah, di un Hiram Johnson e di un Herbert Hoover. Essa fornisce un preciso obiettivo a persone dotate di una visione globale o di una propensione messianica"»[38].

La validità di tale analisi viene messa in luce da quanto avviene negli Stati Uniti nel periodo immediatamente successivo al momento in cui essa è stata compiuta (il 1986), caratterizzato dalla disgregazione del sistema di potere sovietico in Europa centro-orientale, e dalla scomparsa della guerra fredda.

A questo evento straordinario, l'intero mondo occidentale giunge del tutto impreparato. È inevitabile quindi che, perfino in America (vale a dire nel paese che piú di ogni altro, specie con Reagan, aveva cercato di provocarlo), si apra una fase di grande confusione mentale e di indecisione operativa: che neppure la crisi nella regione del Golfo dell'estate del 1990 (causata dell'invasione del Kuwait da parte dell'Irak) riesce a sanare La immediata decisione del governo di Washington di reagire con la forza, e l'altrettanto immediato allineamento su tale impostazione da parte dell'intera comunità internazionale, Russia e Cina incluse, mette infatti chiaramente sotto gli occhi di tutti il carattere ormai unipolare del quadro politico mondiale. Ma la generale accettazione di tale nuovo "dato di fatto" non porta con sé la comprensione di cosa esso possa concretamente significare. Di conseguenza, anche la tesi di un "nuovo ordine mondiale" – di cui Bush parla al momento della fine dello scontro armato – rimane per tutti, non escluso il suo stesso inventore, una frase priva di contenuti.

Ad accrescere tale condizione di perplessità e di incertezza contribuisce inoltre, e in modo determinante, la grave crisi economica che in quel momento attanaglia gli Stati Uniti e che sembra intaccare a fondo il loro senso di fiducia e la loro stessa vitalità. «Sebbene oggi [l'America] sia, per riconoscimento di tutti, l'unica superpotenza mondiale – scrive ad esempio, in quei mesi, Zbigniew Brzezinski – le condizioni planetarie sono cosí complesse, e la sua salute interna è tanto precaria, da non permetterle di sostenere una Pax Americana di carattere globale.»[39] Mentre pochi mesi dopo David Bergen si spinge ancora piú avanti: «Che differenza può fare una recessione! Al di fuori della Casa Bianca, sono ormai pochi quelli parlano, senza un sorriso ironico, della possibilità di creare un nuovo ordine mondiale. Infatti, se gli Stati Uniti non riescono a fare ordine nelle proprie strade e nella propria capitale, ancora meno possono farlo nel resto del mondo». La sua conclusione è quindi: «Mano a mano che i guai dell'America aumentano, gli altri Stati hanno cominciato a uscire dalla sua orbita»[40].

Difficile – oggi, dopo un periodo di boom economico che è durato quasi dieci anni, e di conseguente esuberanza politica – ricostruire mentalmente un clima di percezioni e di emozioni collettive cosí differenti. La realtà, tuttavia, è che – a dispetto del fatto che una ripresa fosse già in atto dalla metà del 1991 – ancora alla fine del 1992 gli Stati Uniti vivono immersi in una cupa atmosfera di inquietudine e perfino di "declino"[41]: che si riflette in quei sondaggi di opinione in cui il Giappone viene – a grande maggioranza – indicato come la futura superpotenza mondiale[42], e che porta Pat Buchanan – il candidato presidenziale della estrema destra repubblicana – a formulare il seguente programma politico: «Riportare a casa tutte le truppe americane e stare lontani da tutte le guerre degli altri, eliminare tutti gli aiuti economici, smettere di appoggiare il Fondo monetario internazionale e la World Bank, trattare l'Europa e il Giappone come dei "predatori economici", e in ogni campo applicare il criterio della America First»[43], cioè della difesa ad oltranza degli interessi americani. Sul piano elettorale, la prima conseguenza di tale stato d'animo diffuso è il crollo verticale della popolarità di George Bush, fino alla sua schiacciante sconfitta, in novembre, da parte di Bill Clinton.

Con l'insediamento alla Casa Bianca di un uomo da ogni punto di vista "nuovo" (democratico e non repubblicano, appartenente alla generazione successiva a quella di Bush, espressione della provincia piú profonda e non del cuore della élite politica del paese), gran parte della depressione americana, che talvolta aveva assunto tonalità quasi isteriche, sembra dissolversi come nebbia al sole. Ma tale osservazione, se è sicuramente esatta sul piano psicologico, non lo è altrettanto su quello politico. In questo campo, infatti, rimane vero che molti seguitano a provare un senso di disagio: a pensare, cioè, che «con la fine della guerra fredda, gli Stati Uniti hanno perso la bussola capace di guidare la loro politica estera»[44].

Su tutto questo si innesta, con effetti non trascurabili, la crisi somala; di cui abbiamo già parlato nel terzo capitolo, ma che ora va esaminata da un diverso punto di vista. Un mese prima di lasciare la Casa Bianca, George Bush ha infatti deciso di affrontare il continuo deteriorarsi della situazione – politica, ma innanzi tutto umana ed alimentare – del Corno d'Africa, inviando nella regione un massiccio corpo di spedizione americano. Il 9 dicembre del 1992, quindi, i primi reparti di marines entrano, bandiere spiegate e fanfara in testa, a Mogadiscio.

Nel pensiero del presidente americano, l'operazione "Restore Hope" ha un obiettivo limitato: in sostanza, essa dovrebbe mirare solo a ristabilire, tra le varie fazioni armate esistenti da sempre nel paese, il minimo di pace – o di non lotta – indispensabile per permettere lo sbarco e la distribuzione dei viveri e dei medicinali capaci di superare una situazione che ha tutte le caratteristiche di una gravissima emergenza.

Già questo programma ristretto si scontra tuttavia – data la chiara opposizione dei diversi "signori della guerra" locali – con ostacoli difficilmente superabili. Ma il quadro complessivo peggiora decisamente nel momento in cui, insediatosi Clinton alla Casa Bianca, la portata della operazione "Restore Hope" subisce un netto ampliamento. Il criterio originario di un intervento umanitario delimitato nelle proporzioni e nel tempo viene infatti sostituito – grazie all'approvazione da parte del Consiglio di sicurezza dell'Onu, il 26 marzo 1993, della Risoluzione 814 – da quello di un *nation building*, vale a dire dal progetto della costruzione della Somalia in quanto nazione, attraverso la «rimessa in opera delle [sue] istituzioni politiche e della [sua] economia». Un compito che Madeleine Albright, appena nominata ambasciatore americano alle Nazioni Unite, commenta con le seguenti parole: «Con questa Risoluzione noi ci imbarchiamo in una impresa senza precedenti, diretta a nulla di meno che alla ricostruzione di un intero paese, quale orgoglioso, funzionante ed efficace membro della comunità delle nazioni»[45].

Nella mente di Clinton e dei suoi piú stretti collaboratori, la spedizione in Somalia, sotto la insegne delle Nazioni Unite, ma con effettiva direzione di Washington, dovrebbe essere, quindi, la prima espressione di una nuova politica estera di *assertive multilateralism*[46]. Di una impostazione, cioè, in cui, in un mondo ormai libero dalle precedenti contrapposizioni ideologiche, l'America, insieme a tutti i paesi pronti a collaborare, possa non soltanto contribuire ad alleviare certe situazioni umanitarie particolarmente gravi e pericolose, ma anche assumersi il ruolo – che non si può definire altro che titanico – di accrescere l'ordine e la sicurezza del quadro mondiale, dando viabilità e solidità interna perfino agli Stati di piú incerta composizione e di piú dubbia consistenza.

Nato nella primavera del 1993, questo "grande disegno" dura, tuttavia, lo spazio di una stagione. Già all'inizio dell'estate successiva, infatti, di fronte ai continui scontri che contrappongono le bande armate somale alle truppe internazionali (con gravi perdite anche da parte di queste ultime), e alle ricorrenti e spesso violentissime polemiche che si sviluppano tra i comandanti americani e quelli degli altri contingenti, la fermezza di Washington comincia a vacillare. Fino a che la situazione precipita quando, il 3 ottobre, diciotto marines rimangono uccisi in una battaglia all'interno di Mogadiscio. In risposta agli attacchi sia della stampa americana che del Congresso, Clinton annuncia quindi, contemporaneamente, un aumento degli effettivi del corpo di spedizione in Somalia ma anche l'impegno ad un suo ritiro definitivo entro il 31 marzo del 1994.

L'"impero del male" e la fine dell'isolazionismo repubblicano

Se è facile affermare che l'*assertive multilateralism* del primo anno della presidenza clintoniana «muore di morte prematura in Somalia»[47], molto meno semplice è dare una definizione all'epoca che subito dopo si apre: anche perché il tentativo del nuovo gruppo dirigente di formulare una visione coerente della propria azione in campo internazionale si scontra presto con il susseguirsi di una serie di situazioni di emergenza. Per cui, nell'autunno del 1994, alla vigilia delle elezioni parlamentari che vedranno una netta affermazione del partito di opposizione, quello repubblicano, la situazione può essere riassunta nei termini usati da David Hendrickson: «Sul fatto che la politica estera americana è caduta nello scompiglio e nella confusione esiste, oggi, un vasto consenso. Il su e giú di tale politica, nei confronti della Bosnia, della Somalia, di Haiti, della Corea del Nord e della Cina, per ricordare soltanto gli esempi piú significativi, ha suscitato il riso in tutti i settori dello schieramento politico»[48].

Già nei mesi immediatamente successivi, tuttavia, il quadro comincia a cambiare. Per effetto di due spinte di diversa natura.

Innanzi tutto vi è il dato di fatto costituito dall'esistenza della mastodontica organizzazione politico-militare globale che gli Stati Uniti hanno creato in quasi mezzo secolo di guerra fredda: centrata su un vastissimo reticolo di alleanze e di rapporti economici privilegiati, su colossali commesse alle grandi industrie, e infine su un sistema di spionaggio planetario. Anche per motivi di politica interna, smantellare tale immensa impalcatura appare praticamente impossibile. E quindi, pur se è probabilmente vero che gran parte degli americani seguitano a sentirsi, in quel momento, «frustrati dalla complessità dei conflitti del dopo guerra fredda, delusi dalle Nazioni Unite, indispettiti dai loro alleati, non disposti ad assumersi i pesi della posizione di unica superpotenza»[49], rimane chiaro che essi non hanno alcuna possibilità di sottrarsi alla necessità di fare i conti con questo dato oggettivo.

Inoltre, vi è il lento ma sicuro cambiamento del quadro politico e psicologico. Le elezioni parlamentari del novembre 1994, che hanno visto la sconfitta del partito democratico e la formazione, nel Congresso, di una maggioranza repubblicana, sono state un evidente scacco per Clinton. Togliendogli ogni possibilità di realizzare il suo programma di riforme sociali, esse lo hanno però spinto a concentrarsi sui problemi internazionali: non piú, ovviamente, sulla precedente base di *assertive multilateralism*, ma approfittando in pieno della grande forza del suo paese. E qui non sono mancati i successi: come la conclusione della crisi bosniaca, con la firma degli accordi di Dayton: frutto, a sua volta, del deciso intervento militare americano contro i serbi dei mesi precedenti; oppure, mezzo anno piú tardi, il fallimento del tentativo della Cina di intimidire Taiwan, grazie all'invio, nella regione, delle portaerei della VII flotta.

In questo quadro, una posizione del tutto particolare assume presto, necessariamente, il problema del futuro della Nato. I motivi per cui gli Stati Uniti, alla fine degli anni '40, hanno dato vita, ed in seguito hanno continuato ad attribuire valore fondamentale, a tale alleanza – che, come è noto, si differenzia da un classico patto tra Stati sovrani per l'aspetto della "integrazione" delle sue strutture, al cui vertice si colloca, in posizione dominante, un *Supreme Commander*: carica costantemente ricoperta da un esponente delle forze armate americane

– sono essenzialmente due. Da un lato, opporre una barriera a ogni possibile velleità di attacco o di infiltrazione verso ovest da parte dell'Urss; dall'altro, dare al governo di Washington la possibilità di controllare dall'interno gli sviluppi politici dell'Europa occidentale, fornendogli lo strumento sia per bloccare sul nascere ogni tentativo di questi paesi di dotarsi di una organizzazione militare autonoma, sia per operare interventi palesi o nascosti.

Data tale duplice funzione della Nato, l'idea di rinunciarvi non sfiora quindi mai – se si esclude la estrema destra conservatrice: il cui peso è molto circoscritto – la mente della classe politica americana. Ma, mentre per quanto riguarda un'alleanza minore, una semplice continuazione dello status quo non presenterebbe per gli Stati Uniti – data la sproporzione del rapporto di forze – grandi difficoltà, lo stesso criterio non può valere nel caso dell'Europa occidentale: dove non mancano sicuramente coloro che (in primo luogo in Francia) pongono apertamente il problema della sopravvivenza della organizzazione atlantica – quanto meno nella sua attuale forma "integrata" – una volta che la sua "ragione sociale" originaria (l'esistenza di un pericolo sovietico) ha cessato di esistere.

Fin dal 1993, quindi, si forma, a Washington, un ampio consenso sulla tesi che il modo migliore di impedire lo sgretolamento della Nato – evento che, a giudizio di alcuni, nel corso di quell'anno viene sfiorato piú volte, a causa delle divergenze tra i comandanti americani e quelli anglo-francesi sulla condotta delle operazioni in Bosnia[50] – è di programmare un suo ampliamento: di darle cioè un nuovo compito, capace, sul piano teorico, di giustificarla, e su quello operativo di mobilitare e motivare i suoi apparati burocratici.

La lunga fase di incertezza che dura fino a tutto il 1994 non permette a tale progetto di acquistare subito una vera consistenza. Ma ciò avviene nel periodo immediatamente successivo, con un progressivo aumento dei contatti militari e diplomatici: che, già nel settembre dal 1995, porta alla pubblicazione dello «Studio sull'allargamento della Nato». A cui fa seguito, nel dicembre del 1996, la riunione ministeriale atlantica che annuncia come prossimo il completamento della fase di preparazione.

Lo sviluppo di tale processo non viene arrestato, e neppure ritardato, dalla perplessità di alcuni governi europei (innanzi tutto il francese, ed in misura minore l'italiano). Le loro osservazioni critiche hanno sia un carattere teorico e generale (un'alleanza militare presuppone la presenza di un "nemico", che oggi e per il futuro prevedibile, sembra, nel caso dei paesi atlantici, mancare) sia uno contingente e politico (estendere il sistema atlantico fin quasi ai confini della Russia, che tuttavia è destinata a rimanerne esclusa, può avere gravi conseguenze sull'orientamento, non tanto immediato quanto in prospettiva, di tale paese). La volontà degli americani è, tuttavia, talmente forte (o quella dei loro alleati europei è talmente debole) che già nel vertice atlantico di Madrid, del luglio del 1997, la prima fase del processo di trasformazione viene dichiarata ufficialmente conclusa, con la indicazione dei tre nuovi paesi membri (Polonia, Ungheria e Repubblica Ceca).

La rapidità con cui tale risultato viene raggiunto (in uno sfondo in cui nessun elemento esterno di pericolo spinge ad accelerare i tempi) si spiega in parte – e lo si è già accennato con l'incapacità dei governi occidentali di dire apertamente no alle richieste di Washington. Non meno importante, però, è l'appoggio che – dopo una prima fase in cui il Senato di Washington minaccia di non votare gli stanziamenti necessari al suo finanziamento – tale progetto trova nel mondo politico americano. Ed è questo un aspetto su cui vale la pena di fermarsi.

Nessuno infatti ha motivo di stupirsi per il fatto che i democratici, i quali in quel momento gestiscono il potere, sostengano immediatamente l'allargamento della Nato, e ne facciano uno dei pilastri del loro programma: visto che tale progetto, oltre a rispondere alla lunga tradizione internazionalista del loro partito, ha il vantaggio di offrire a Clinton la possibilità di appellarsi ai venti milioni di cittadini americani di origine centro-europea, per ottenerne i voti in occasione della elezioni presidenziali del novembre 1996[51]. Piú singolare, invece, può apparire che questa politica, di chiara ispirazione interventista, trovi il consenso – determinante: dato che, come si è visto, i democratici non hanno piú la maggioranza nel Congresso – di una parte notevole dell'establishment repubblicano: attestato invece, di solito, su posizioni fortemente isolazioniste. Se si richiama alla mente la precisazione di Arthur Schlesinger, sulla vera essenza dell'isolazionismo in quanto null'altro che "unilateralismo", tale convergenza cessa tuttavia di presentarsi come sorprendente.

Anche senza fare un passo indietro troppo lungo, la storia americana ci mostra infatti che, dopo aver celebrato il trionfo del proprio isolazionismo nel 1920, impedendo al governo di Washington di partecipare alla Società delle Nazioni, il partito repubblicano aveva, da tempo, cominciato a mutare orientamento. Isolazionista in senso stretto, non poteva infatti essere considerato Henry Stimson: quando, come segretario di Stato di Herbert Hoover, sosteneva, all'inizio degli anni '30, che ogni guerra di aggressione era un crimine, contro il quale gli Stati Uniti si riservavano il diritto di intervenire in qualsiasi parte del mondo (vedi pp. 106-107). E ancor meno, giudicando con lo stesso metro, possono essere considerati isolazionisti i dirigenti repubblicani che, a partire dal 1947-48, in nome della resistenza al pericolo comunista mondiale, decidono di collaborare con Harry Truman nel varo di una politica di intervento globale, che in Europa si è espressa nel piano Marshall e nell'Alleanza atlantica, e in Asia nella guerra di Corea.

Insomma, sotto la spinta del sempre maggiore coinvolgimento degli Stati Uniti nelle vicende mondiali, l'isolazionismo americano, già un decennio dopo la fine della prima guerra mondiale, aveva cominciato a cambiare pelle. E nel momento in cui, dopo la fine della seconda, viene in primo piano la componente dell'anticomunismo, tale trasformazione subisce una successiva accentuazione. Al punto che giustamente Schlesinger può commentare: «La guerra fredda fece abortire l'isolazionismo che Roosevelt tanto temeva»[52].

La stessa parabola si ripete negli anni '80. Dopo una serie di presidenti – di entrambi i partiti – che si oppongono con fermezza all'Urss, senza però rifiutare mai il dialogo, è infatti un presidente repubblicano, Ronald Reagan che, mettendo da parte la teoria del *containment* (cioè l'idea che il semplice "contenimento" della spinta espansiva del sistema sovietico ne avrebbe provocato il crollo), adotta in ogni campo, da quello ideologico a quello militare ed economico, un atteggiamento di attiva contrapposizione nei confronti di Mosca, con l'obiettivo dichiarato di porre fine al suo "impero del male".

A questo punto, ciò che separa la maggioranza "centrista" dei due grandi partiti americani non è piú l'internazionalismo dei democratici e l'isolazionismo dei repubblicani. È piuttosto l'elemento, molto piú incerto e precario, del generico "multilateralismo" dei primi, e dell'emotivo "unilateralismo" dei secondi. Per cui, nel momento in cui anche i democratici (con Clinton, dopo il 1994) abbandonano l'orientamento favorevole a servirsi per le loro iniziative delle Nazioni Unite e delle altre organizzazioni internazionali, una convergenza si presenta non solo possibile ma anche inevitabile.

Prima ancora che nei fatti, tale accostamento di posizioni si esprime nelle parole. Alla fine del 1996, Strobe Talbott, in quel momento sottosegretario di Stato di Clinton e sicuramente una della migliori teste pensanti del partito democratico, scrive un articolo per *Foreign Affairs*, nel quale, partendo dalla premessa che «gli Stati Uniti sono l'unico paese consapevolmente fondato su un insieme di idee e di ideali applicabili a tutti i popoli del mondo»[53], sostiene che «l'essenza della sua sicurezza nazionale» è di «appoggiare, promuovere, e se necessario difendere la democrazia in altri paesi»[54]: perché «in un mondo sempre piú interdipendente, gli americani hanno un interesse sempre maggiore nel modo in cui gli altri paesi governano, o non governano [*misgovern*], se stessi»[55].

Esattamente quattro mesi prima, sulle pagine della stessa rivista, William Kristol e Robert Kagan, due esponenti di punta della destra repubblicana, in un articolo dal titolo «Verso una politica estera neo-reganiana», avevano scritto qualcosa di molto simile. Dopo aver ricordato come il grande contributo di Reagan era stato di battersi, già negli anni '70, per una «moralità nella politica estera», avevano aggiunto: «Venti anni dopo, è giunto di nuovo il momento di sfidare una America indifferente ed un conservatorismo americano confuso. L'attuale tiepido consenso per un ruolo ridotto dell'America nel mondo del dopo guerra fredda è sbagliato [...] I conservatori non saranno, in prospettiva, capaci di governare l'America se non le offriranno una piú elevata visione del suo ruolo internazionale. Quale dovrebbe essere questo ruolo? Quello di una *benevola egemonia globale*. Avendo sconfitto l'"impero del male", gli Stati Uniti godono di un predominio strategico e ideologico. Il primo obiettivo della loro politica estera dovrebbe essere quello di sviluppare tale predominio attraverso il rafforzamento della loro sicurezza, l'appoggio ai loro amici, la difesa dei loro interessi, e l'affermazione dei loro princípi in tutto il mondo»[56] (corsivi aggiunti). E, tutto questo, senza preoccuparsi dei «fuorvianti ammonimenti sul pericolo di una sovra-estensione imperiale»[57].

L'atteggiamento "bipartitico" in politica estera, che rappresenta una costante della tradizione politica americana e che, nelle circostanze specifiche, si presentava come una necessità per un presidente privo di una maggioranza parlamentare, trova cosí una propria chiara fisionomia ed un proprio preciso contenuto. E lo fa nel segno di un *global unilateralism*[58], di un unilateralismo proiettato su scala globale. Vale a dire di quella stessa convinzione di poter operare unicamente sulla base delle proprie valutazioni e dei propri interessi che originariamente si era espressa nella tendenza degli Stati Uniti a separarsi dal mondo e rinchiudersi in loro stessi, ma che ora, conservando sempre i medesimi punti di riferimento, pretende di manifestarsi, attivamente e senza alcun limite, su un piano planetario.

Nei confronti di tale orientamento, gli otto anni della presidenza Reagan possono essere considerati, sotto il velo trasparente dello scontro frontale con il comunismo, come il periodo di gestazione. Superata la successiva fase di incertezza, esso si manifesta tuttavia, in modo aperto, a partire dalla seconda metà degli anni '90 (volendo, si potrebbe fissarne la nascita ufficiale al 4 febbraio del 1997, quando, nel suo discorso sullo «stato dell'Unione», Clinton definisce gli Stati Uniti «the indispensable nation», la nazione indispensabile). Collocata, in modo solitario, al vertice del mondo, l'America rivendica infatti, ormai senza mezzi termini, il ruolo ed i poteri di unica superpotenza – o iperpotenza – globale.

Il "rimodellamento" della Nato

Per l'attuazione di una politica di tale natura sono, evidentemente, necessarie due cose: e cioè uno strumento adeguato ed una legittimazione ideale. Gli Stati Uniti credono di averle trovate, rispettivamente, nella Nato e nei diritti umani. Cominciamo, quindi, il nostro esame con il primo di tali aspetti.

Nelle pagine precedenti si sono indicati i due motivi – diversi ma convergenti – che spingono l'America a programmare, e ad imporre ai suoi – spesso recalcitranti – alleati, una estensione ad est del sistema atlantico: vale a dire la grande difficoltà di smantellare una istituzione che per quasi mezzo secolo aveva costituito uno degli snodi fondamentali della sua politica estera, e il desiderio di non rinunciare alla possibilità di servirsi di tale organizzazione per raggiungere un obiettivo fondamentale, quale quello di controllare dall'interno gli sviluppi della vita politica europea. Rimanere una «potenza europea» – come scrive nel 1995 Richard Holbrooke[59] – appare infatti ai governanti di Washington il prerequisito indispensabile perché il loro paese possa seguitare a svolgere il ruolo di superpotenza globale.

Mano a mano che la realizzazione di questo progetto va avanti, gli Stati Uniti – ormai nel pieno di un boom economico senza precedenti e sempre piú consapevoli che il processo di globalizzazione li ha trasformati nel perno dell'intera economia mondiale – si rendono però conto che tale iniziativa, per la sua stessa logica interna, può assumere un altro, e piú vasto, significato. Nel senso che, perfino al di là delle intenzioni coscienti dei vari attori di questa vicenda, appare immediatamente evidente che un ampliamento della Nato vuol dire, innanzi tutto, una riduzione di importanza del suo "pilastro europeo".

L'idea, tante volte discussa, di aumentare il peso dell'Europa nell'Alleanza atlantica – al fine di trasformarla in una sorta di duopolio – avrebbe potuto avere, infatti, una speranza di successo se la sua attuazione fosse stata affidata ad un numero ristretto di paesi europei che, per la forza delle loro identità nazionali, per il livello del loro sviluppo economico e specialmente per i loro legami storici e la omogeneità delle loro culture, potevano essere in grado di agire come un soggetto in qualche misura unitario, capace di controbilanciare la preponderanza americana. Ma è destinato, invece, a perdere ogni consistenza nel momento in cui a farne parte è chiamato un pulviscolo di altri Stati (della metà centro-orientale del continente), caratterizzati da dimensioni e tradizioni diverse, e che, per di piú – innanzi tutto per il fatto di essersi da poco sottratti alla dominazione sovietica – sono costantemente portati a gravitare verso l'America.

In altri termini, l'allargamento della Alleanza atlantica – e non solo perché è stato voluto ed imposto da Washington – accresce "oggettivamente" il carattere americano della Nato. E pone quindi le basi per il problema che si porrà nel periodo immediatamente successivo: quello, cioè, della sua trasformazione.

In realtà, un primo passo in questa seconda direzione era stato compiuto già nel vertice atlantico del novembre 1991: il cui documento finale, prendendo atto del cambiamento prodottosi nella scena mondiale, notava che «la sicurezza dell'Alleanza deve tener conto del contesto globale, [dato che i suoi] interessi di sicurezza possono essere pregiudicati anche da altri rischi di natura piú vasta, quali la proliferazione di armi di distruzione di massa, l'interruzione del flusso di risorse vitali, e le azioni di terrorismo e di sabotaggio»[60]. E concludeva affermando che «questo ambiente cambiato offre alla Alleanza nuove opportunità di impostare la sua strategia all'interno di un'ampia visione della propria sicurezza»[61].

Tali accenni di novità sono tuttavia ben poca cosa se paragonati con i propositi che vengono espressi alcuni anni dopo.

Al termine della riunione dell'Assemblea parlamentare della Nato che si svolge nel novembre del 1998, viene infatti resa nota una «Risoluzione sul rimodellamento [il termine inglese è *recasting*] della sicurezza euro-atlantica» che parla un linguaggio molto diverso. Su due temi fondamentali.

Il primo è quello degli interventi della Nato: a proposito dei quali si dice, con grande chiarezza, che essi non devono essere piú circoscritti alla regione europea, ma possono acquistare un carattere globale, sia per quanto riguarda la loro area geografica che per quanto riguarda il loro contenuto. Infatti, dopo che nel paragrafo «b» di tale documento vediamo affermato che i governi dei paesi membri devono impegnarsi ad «accelerare i progressi nello sviluppo delle capacità [di intervento] tanto nel quadro dell'Articolo 5 tanto al di fuori di questo quadro», al fine di «far fronte alle emergenti sfide alla sicurezza» (che non sono piú solo quelle elencate nel testo approvato nel 1991), nel successivo paragrafo «e» tale campo di azione viene esteso in maniera del tutto indeterminata, ricorrendo alla tesi secondo cui il «diritto di autodifesa, individuale e collettivo, riconosciuto dall'articolo 51 della Carta dell'Onu» deve essere interpretato in modo tale da «includere la difesa degli interessi e dei valori comuni, anche quando essi sono minacciati da catastrofi umanitarie, crimini contro l'umanità e crimini di guerra»[62].

Ancora piú importante è tuttavia la seconda innovazione che troviamo registrata nello stesso documento. Nel corso degli anni precedenti, era stato piú volte detto che, in un momento di crisi, la Nato era pronta ad offrire i suoi uomini e le sue strutture alle Nazioni Unite, per agire, diciamo cosí, come suo braccio armato. Con la Risoluzione del novembre del 1998, tale orientamento viene abbandonato, per lasciar posto ad uno del tutto diverso. Nel suo paragrafo «d», essa afferma, infatti, che i governi atlantici devono «proporsi di assicurare la piú ampia legittimità internazionale per gli interventi non da articolo 5 [vale a dire esterni all'originario perimetro della Nato, *n.d.a.*] ma anche essere pronti ad operare nel caso in cui il Consiglio di sicurezza incontri degli ostacoli ad adempiere il proprio compito di mantenere la pace e la sicurezza internazionale»[63].

Basta uno sguardo superficiale per rendersi conto che il risultato congiunto di questi tre paragrafi è di portata chiaramente rivoluzionaria. Infatti, se grazie alle enunciazioni contenute nei paragrafi «b» e specialmente «e» – vale a dire attraverso la unilaterale ridefinizione del concetto di autodifesa – la Nato tende a qualificarsi come una istituzione dotata di poteri di intervento globali, grazie al paragrafo «d» essa rivendica – attraverso una singolare procedura di "auto-autorizzazione"[64] – il diritto ad un suo totale sganciamento da ogni altra autorità: e si presenta, quindi, come un organo dotato, oltre che della capacità materiale, anche del diritto di operare liberamente a tutto campo.

Se quello compiuto nel novembre del 1998 può essere considerato il passo decisivo (anche se sul momento passato quasi inosservato) nella trasformazione, non solo della posizione della Nato ma, senza esagerazione, dell'intera struttura della scena internazionale, non meno importanti sono (in primo luogo per la loro straordinaria franchezza) le precisazioni che, su questo tema, vengono date poco tempo dopo dal sottosegretario di Stato americano, Strobe Talbott nel corso di un suo discorso a Bonn del febbraio del 1999, vale a dire alla vigilia dell'intervento armato atlantico nei Balcani.

Già il suo punto di partenza è di grande interesse: perché, dopo aver sostenuto che la fine della guerra fredda non ha del tutto eliminato i pericoli esistenti nel quadro europeo, Talbott ammette esplicitamente che essi «non sono sufficienti, se la Nato vuole conservare un ruolo rilevante anche nel futuro»[65]. Il problema che si presenta ai suoi Stati membri, al fine di mantenerla in vita e di non vederla deperire, è, quindi, quello di «reinventarla»[66]. E, precisando che nell'affrontare questo compito, essi devono «essere ambiziosi»[67], ripropone, in maniera ancora piú esplicita, i due temi che già la Risoluzione del novembre 1998 aveva affrontato.

Il primo è la estensione delle situazioni con le quali la nuova Nato deve fare i conti, e nelle quali deve essere pronta ad intervenire. «Nel nostro mondo sempre piú complesso ed interdipendente – dice Talbott – noi abbiamo di fronte minacce molto piú disparate e diversificate di quelle dell'epoca di Truman o di Adenauer. La diffusione delle armi di distruzione di massa e il flagello del terrorismo non possono infatti essere fatti rientrare nel quadro dei nostri vecchi concetti e slogan, come "il mondo libero" o "la cortina di ferro" [...] Questo significa che mentre manteniamo la capacità di difendere l'integrità territoriale di tutti i membri della Nato, noi abbiamo bisogno di forze, di dottrine e di strutture di comunicazione che ci permettano, nel caso che sia necessario, di affrontare le sfide degli scontri etnici e dei conflitti regionali, che hanno delle ripercussioni sulla nostra sicurezza, ma si sviluppano al di fuori del territorio della Nato: come, appunto, abbiamo fatto e stiamo facendo nei Balcani»[68].

Il secondo tema, come si ricorda, è quello della indipendenza della Nato. E ad esso si riferiscono le parole conclusive di Talbott: «Noi non suggeriamo che la Nato agisca in splendido isolamento dalle Nazioni Unite o dall'Osce, o un atteggiamento di arrogante sfida nei loro confronti. Tutti i paesi della Nato appartengono a queste due organizzazioni, e noi crediamo che le missioni ed i compiti della Nato debbano essere sempre coerenti con i propositi ed i princípi dell'Onu e dell'Osce. Noi siamo quindi convinti che la Nato ed i suoi membri continueranno ad essere guidati degli impegni che si sono assunti sulla base della Carta dell'Onu e dell'Atto finale di Helsinki. Al tempo stesso, però, noi dobbiamo stare attenti a non subordinare la

Nato a qualsiasi altro organismo internazionale e a non compromettere la integrità della sua struttura di comando. Noi tenteremo di operare in concerto con altre organizzazioni, e nel rispetto dei loro princípi e propositi. Ma la Alleanza [atlantica] deve riservarsi il diritto e la libertà di agire quando i suoi membri, con il loro consenso, lo giudicano necessario»[69].

A questo punto, constatato che tali parole – in cui l'Onu è ridotta ad un semplice «organismo internazionale»[70] e i princípi scritti nella sua Carta ad una delle tante fonti di ispirazione per la Nato, privi però della capacità di imporle alcun dovere – vengono accolte dagli altri paesi atlantici senza nessuna reazione di rifiuto e di dissociazione, l'unica conclusione che si può trarre è che esse, sotto l'etichetta di "una nuova Nato", annunciano in realtà la nascita di un potere imperiale di portata globale, deciso ad imporre ovunque il suo controllo ed i suoi comandi. Potere imperiale del quale l'intervento armato nei Balcani – che in quel momento sta per iniziarsi, ed a cui Talbott, non certo per caso, fa un accenno – è chiamato ad essere la prima concreta manifestazione.

Alla completezza di tale disegno non aggiunge, ma neppure toglie nulla, la riunione che, nell'aprile del 1999 si svolge a Washington, e che si conclude con la firma di un nuovo "Concetto strategico". Per rispetto del particolare clima celebrativo (si festeggia, infatti, il cinquantesimo anniversario dell'Alleanza atlantica), ma anche perché consapevoli dell'incapacità degli alleati di opporsi, nei momenti di crisi, alle loro decisioni, i dirigenti americani accettano di sfumare alcuni dei punti piú controversi (a cominciare da quello sulla indipendenza operativa della Nato dalle Nazioni Unite). «Il risultato», scrive lo *Strategic Survey* dell'International Institute for Strategic Studies di Londra, è quindi «un documento piuttosto anodino, che è quasi piú interessante per ciò che non dice che per ciò che contiene»[71]. E la stessa valutazione si può dare per quanto riguarda le discussioni preliminari: visto che gli americani seguitano ad insistere sulla tesi che «l'Activation order per i bombardamenti aerei sulla Serbia dell'ottobre 1998, dato [dalla Nato] indipendentemente da una specifica risoluzione dell'Onu che dichiarava lecito l'uso della forza, rappresentava un precedente utile e significativo» per i comportamenti futuri, mentre alcuni alleati (specie i francesi) mantengono la loro opinione contraria[72]. Ma, ovviamente, non c'era nessuno che potesse ignorare quale delle due impostazioni era destinata, nei fatti, a prevalere.

Infine, il 10 giugno, al momento dell'accordo che mette fine ai bombardamenti, il Consiglio di sicurezza vota la Risoluzione 1244. Senza entrare nell'analisi del significato specifico delle sue singole clausole, il solo fatto che il massimo organo decisionale delle Nazioni Unite abbia fatto sentire la sua voce solo a cose fatte, e non abbia speso una sola parola per condannare un intervento che – anche a prescindere dalle forme discutibili che aveva assunto – era stato compiuto senza la sua autorizzazione, fa sí che tale documento acquisti inevitabilmente, davanti agli occhi dell'opinione pubblica, il valore di una sanatoria. Che apre, quindi, una nuova epoca: in cui, di fronte ad una Onu chiaramente in declino (in primo luogo per la precisa volontà americana di accantonarla ed esautorarla)[73], il compito di stabilire le regole della convivenza internazionale, ed eventualmente imporle con la forza, appare ormai passato in altre mani.

La "legittimazione per mezzo dei diritti umani"

All'inizio del precedente capitolo, si è detto che la formazione di un potere che voglia presentarsi come globale richiede la presenza non solo di una forza soverchiante dotata di una struttura operativa adeguata – problema che si può considerare sostanzialmente risolto con la nascita della "nuova Nato" e la silenziosa abdicazione dell'Onu nei suoi confronti – ma anche di un progetto di valore generale, vale a dire di una componente ideale, in grado di legittimarlo.

Nei decenni passati, mano a mano che l'impostazione del loro "unilateralismo globale" cominciava a prendere forma, gli Stati Uniti hanno sempre cercato di legare tale orientamento ad una serie di obiettivi di chiaro valore umano, diretti a giustificarlo: che sono stati, di volta in volta, la messa al bando della guerra, la lotta contro la dittatura, l'opposizione al comunismo, infine la difesa planetaria della democrazia.

Ovviamente, ognuna di queste impostazioni traeva forza da una serie di condizioni oggettive della realtà internazionale di quel determinato momento: negli anni a cavallo tra il secondo e il terzo decennio del XX secolo, questo sfondo era costituito dal ricordo devastante della prima guerra mondiale, e quindi dal desiderio di evitare il ripetersi di un simile conflitto; pochi anni piú tardi, il punto di riferimento ideale è stato la enorme pericolosità del nazismo; mentre dalla metà degli anni '40 in poi, l'elemento di cui appariva necessario tenere conto era la odiosità dello stalinismo e delle sopraffazioni del "socialismo reale".

Crollato, per implosione, il comunismo, gli Stati Uniti hanno però cominciato a soffrire a causa della "mancanza di un nemico". Da un lato, infatti, non intendevano rinunciare alla posizione egemonica sviluppatasi nei decenni della guerra fredda, e divenuta ancora piú globale nel momento della scomparsa dell'Urss. Dall'altro erano però consapevoli che, da sola, l'enorme quantità di potere – politico, economico, militare, simbolico – che essi erano in grado di gestire non era sufficiente ad assicurargli questo risultato. Ci voleva qualcosa di piú. Ed è qui che entrano in scena i diritti umani.

A causa della sua impostazione universalistica, che pone tutti gli uomini sullo stesso piano e si propone di coprire, inquadrare e sanzionare tutti i loro comportamenti, fissando una serie di criteri costantemente validi, tale concezione contiene infatti in sé un genuino elemento di "totalitarismo"[74]. Affidata nelle mani di una forza politico-militare immensamente prevalente, essa si presenta quindi come lo strumento piú adatto a dare legittimazione ad ogni progetto di intervento che, comunque sia, abbia il modo di richiamarsi ad uno degli infiniti crimini e delle innumerevoli sopraffazioni che, in maniera ogni giorno crescente, costellano la vita del nostro pianeta.

Ovviamente, anche collocate in un simile quadro generale, iniziative di questa natura avrebbero bisogno, per presentarsi di volta in volta come sufficientemente legittime, di una giustificazione piú specifica: da raggiungere attraverso un esame accurato sia dei motivi per cui una situazione piuttosto che un'altra è stata presa in considerazione sia dei mezzi con cui è stato deciso di affrontarla. Se ciò non accade è, tuttavia, a causa dell'effetto combinato di due spinte diverse ma convergenti.

Per quanto riguarda l'America, questo problema non si pone neppure: sia perché, in generale, è molto raro che una potenza imperiale, esaltata dal proprio orgoglio nazionale, valuti con attenzione – dal punto di vista sia etico che giuridico – le proprie iniziative e le proprie scelte; sia perché, piú in particolare, la necessità di un simile esame di coscienza non sfiora neppure la mente del suo cittadino medio. Come scrive infatti Jack Donnelly, uno studioso sempre molto cauto nei propri giudizi, «negli Stati Uniti, la profondità delle radici dell'eccezionalismo americano, unita alla convinzione che tutto quanto avviene [nella società americana] è, quasi per definizione, rispettoso dei diritti umani, gioca un ruolo molto importante. La maggioranza degli americani è chiaramente convinta che il problema dei "diritti umani" esiste unicamente in luoghi collocati al di là degli Oceani»[75].

Fuori dell'America, tale candida presunzione di costante innocenza non è, sicuramente, altrettanto diffusa. In questo caso, però, a spingere in secondo piano ogni criterio di cautela – nel valutare le azioni da compiere ed i mezzi da usare – contribuisce efficacemente la enorme portata del potere, sia materiale che psicologico, degli Stati Uniti. Col risultato che, con solo qualche malinconico bisbiglio, l'intero pianeta si piega di fronte al loro *hoc volo, sic iubeo*.

Entrare nei particolari delle ripetute manifestazioni di tale meccanismo – che è poi quello del "pensiero unico" – ci porterebbe troppo lontano. Delimitiamo quindi il nostro campo di osservazione. E per mettere in luce in che modo esso funziona, e quali risultati – di squilibrio etico-giuridico, quando non addirittura di giustizia sommaria – esso produce, collochiamo l'una di fronte all'altra due situazioni esemplari. Quella del Guatemala, cioè di uno dei tanti Stati dell'America latina che, negli anni '70 e '80, sono stati sconvolti da una furibonda lotta politico-sociale: ma la cui vicende sono meno note di quelle di El Salvador (paese nel quale gli squadroni della morte della estrema destra, oltre a uccidere non meno di 75 mila persone[76], giunsero al punto di assassinare, mentre celebrava la messa nella sua cattedrale, l'arcivescovo Oscar Arnulfo Romero). E quella della Serbia, per quanto riguarda la parte finale del decennio successivo. Al fine di chiederci da quale lato, se non fosse stata truccata, la bilancia dei diritti umani avrebbe dovuto piegarsi.

Nel caso del Guatemala, una ricostruzione imparziale degli avvenimenti è resa possibile dal fatto che nel 1994, al momento di porre fine alla guerra civile, i rappresentati dei due schieramenti contrapposti, decidendo di rinunciare al progetto di giudicare tutti i crimini commessi nel paese nei decenni precedenti, si erano però trovati d'accordo sulla necessità di lasciare una testimonianza di quanto effettivamente era accaduto e di portarla a conoscenza sia dei loro concittadini che dell'opinione pubblica mondiale. Questo incarico fu affidato ad una "Commissione per la chiarificazione storica". Che, nel 1999, pubblicò – con il titolo *Memoria del silenzio* – il suo rapporto finale. I cui aspetti essenziali sono i seguenti.

1. Le vittime accertate dello scontro, inclusi uomini, donne e bambini, sono state 42.275. Tra queste, 23.671 sono state frutto di esecuzioni sommarie, e 6.159 la conseguenza di rapimenti. Il numero complessivo delle persone uccise o scomparse a causa della lotta fratricida viene però valutato ad oltre 200 mila[77].

Per quanto riguarda le cause e le modalità dello scontro, il Rapporto scrive: «La Commissione riconosce che il movimento del Guatemala verso la polarizzazione, la militarizzazione e la guerra civile non è stato solo il risultato della storia nazionale. La guerra fredda ha avuto un ruolo importante. Mentre l'anticomunismo, promosso dagli Stati Uniti nel quadro della loro politica estera, riceveva il fermo appoggio dei partiti politici di destra e di altre potenti forze in Guatemala, l'America dimostrava di essere pronta a fornire un sostegno per i regimi militari forti presenti nella sua zona specifica di interesse strategico [*strategic backyard*]. Nel caso del Guatemala, l'assistenza militare è stata diretta al rafforzamento degli apparati dei servizi segreti nazionali e all'addestramento dei corpi speciali anti-insurrezione, fatto chiave che ha influito significativamente sulle violazioni dei diritti umani nel corso degli scontri [...] L'anticomunismo e la Dottrina della Sicurezza Nazionale facevano parte della strategia antisovietica degli Stati Uniti in America latina. In Guatemala, questi orientamenti si sono espressi innanzi tutto in una politica anti-riformista ed anti-democratica, ed è culminata in una [impostazione] criminale della lotta anti-insurrezionale»[78].

2. Uno degli «effetti piú devastanti di tale politica [è stato che] le forze armate governative e i gruppi paramilitari ad esse connessi sono stati responsabili del 93 per cento dei crimini do-

cumentati dalla Commissione, compreso il 92 per cento delle esecuzioni sommarie e il 91 per cento dei rapimenti»[79].

3. «La Commissione è giunta alla conclusione che l'uso sistematico della tortura ha prodotto due fondamentali problemi sociali: prima di tutto, la formazione e la continua presenza nella società di esperti capaci di usare i sistemi piú efficienti e devianti per infliggere dolore ad esseri umani, al fine di sgretolarli fisicamente e spiritualmente; e in secondo luogo la presentazione dell'uso della tortura come qualcosa di "normale" nel lavoro di routine delle forze armate e della polizia, e l'accettazione di tale stato di cose da parte della società e degli stessi giudici»[80].

4. «Il terrore senza precedenti, provocato dai massacri e dalla devastazione di interi villaggi durante il periodo dal 1981 al 1983, ha portato alla fuga in massa di varie popolazioni, la maggioranza delle quali erano maya, ma includevano anche un numero considerevole di *ladinos* [con questi termini si vogliono indicare nel primo caso gli indios, e nel secondo i *mestizos*, *n.d.a.*]. Lo spostamento forzoso dei civili in Guatemala acquista un particolare peso nella storia dello scontro armato a causa del suo carattere di massa e della sua forza distruttiva. Esso provoca la rottura del tessuto sociale nella sua forma piú immediata e spietata. Le famiglie e la società sono state distrutte, e i legami di coesione culturale sono stati indeboliti [...] Le stime del numero dei profughi oscillano tra 500 mila e 1 milione e mezzo di persone, nel periodo di maggiore intensità di tale fenomeno, tra il 1981 e il 1983. In questi numeri sono inclusi anche coloro che sono stati spostati all'interno del paese e quelli che sono stati costretti a cercare rifugio all'estero»[81].

5. «L'83 per cento delle vittime identificate erano maya e il 17 per cento erano *ladinos*.»[82] «Grazie alle sue investigazioni, la Commissione è giunta alla conclusione che l'innegabile esistenza del razzismo, espresso ripetutamente dallo Stato come una dottrina di superiorità, è la fondamentale spiegazione della natura indiscriminata e della particolare brutalità con la quale le operazioni militari sono state condotte contro centinaia di comunità maya nell'ovest e nord-ovest del paese, specialmente tra il 1981 e il 1983, periodo in cui è stata effettuata la maggioranza dei massacri e delle operazioni di "terra bruciata".»[83]

Se questo è il bilancio di quanto è stato compiuto per quasi un decennio in Guatemala, per la crisi dei Balcani del periodo 1998-99 non esiste un documento che abbia una eguale autorevolezza. Il quadro che si può ricavare facendo ricorso alle diverse ricostruzioni mette tuttavia in luce che i suoi aspetti numerici si collocano in un ordine di grandezza notevolmente differente.

Per quanto riguarda i kosovari cacciati dalle loro case (prima dell'inizio dell'intervento armato della Nato: perché è solo questo dato che conta al fine di valutarne la effettiva giustificazione umanitaria), la cifra generalmente accettata è infatti quella di 300 mila persone deportate con la forza o costrette alla fuga[84]. Mentre per quanto riguarda i cittadini di etnia albanese uccisi entro la stessa data, una volta messe da parte le affermazioni propagandistiche fatte nel periodo dei bombardamenti (il ministro della Difesa americano era arrivato a parlare di centomila morti), il numero piú accreditato è di duemila vittime: la maggior parte delle quali prodotte da scontri armati (e quindi con perdite anche serbe) e solo una piccola parte da massacri di "pulizia etnica" come quello di Racak[85].

Né il senso di tale raffronto cambia se, dalla quantità, si passa alla qualità. Perché, se l'aspetto piú odioso degli eccidi della polizia serba era sicuramente il loro palese razzismo, cioè il loro carattere di "pulizia etnica" nei confronti della popolazione di origine albanese, lo stesso identico orientamento è quello che troviamo alla base dei massacri e delle deportazioni in massa in Guatemala: posto che – come si è appena visto – a farne le spese sono stati gli uomini, le donne ed i bambini di discendenza maya, in proporzione molto maggiore dei loro concittadini di diversa origine

E allora se le cose stanno cosí (e non solo nei due casi che abbiamo esaminato, ma anche in molti altri: ad esempio, in quello dei curdi, che vengono protetti se ad ucciderli è Saddam Hussein, ma vengono abbandonati al loro destino se a bombardarli è il governo "amico" di Ankara), come spiegare questi due diversi comportamenti: cioè il fatto che le stragi in Guatemala, durate per un decennio, non abbiano provocato nessun intervento esterno (da parte degli Stati Uniti e in generale dei paesi occidentali), e quelle, senz'altro minori, nei Balcani hanno invece scatenato quasi tre mesi di bombardamenti?

Con i diritti umani certamente no. Infatti, se è vero che ogni norma giuridica deve avere un carattere di "generalità"[86] (perché solo cosí si può raggiungere l'obiettivo che la legge sia "eguale per tutti"), ancor piú questo aspetto deve essere presente quando si dichiara di ispirarsi ad un criterio che fa della "universalità" la propria essenza specifica. Con la conseguenza che coloro – e sono molti – che pretendono di seguitare a parlare di diritti umani, ma poi sostengono che non vi è nulla di male che essi siano applicati in alcuni casi sí ed in altri no, cadono in una mastodontica "contraddizione in termini".

Chi vuole regolarsi in questo modo – e cioè un giorno punire, un altro ignorare, ed un altro ancora aiutare ad uccidere: come nel caso degli Stati Uniti in Guatemala – può ovviamente farlo. Ma dovrebbe avere l'accortezza di non prendere come punto di riferimento i diritti umani, e richiamarsi, invece, alla tradizionale indipendenza della politica estera: al cui interno si dà per scontato che ogni Stato agisca come meglio crede, e che gli altri Stati, se non sono d'accordo, non abbiano altra possibilità che quella di manifestare – nei modi che ritengono piú opportuni – la propria disapprovazione.

Invece, quello che da tempo avviene è esattamente l'opposto. Le contraddizioni della politica "umanitaria" degli Stati Uniti al di fuori dei loro confini, e il fatto che anche internamente il loro modo di agire sia, sotto questo aspetto, tutt'altro che ineccepibile (si pensi solo al modo del tutto arbitrario con cui fanno ricorso alla pena di morte[87] o alla immutata presenza di gravi discriminazioni razziali, che incidono fortemente sulla stessa libertà di voto)[88], scivolano come olio – se cosí si può dire – sulla pelle dell'opinione pubblica mondiale, ed in primo luogo europea occidentale. Per cui il tentativo dei governanti di Washington di servirsi della concezione dei diritti umani al fine di dare un fondamento legittimo al dominio planetario del loro paese non trova, praticamente, alcun ostacolo.

La forza degli Stati Uniti è insomma, a tutti i livelli, tale da indurre al silenzio i potenziali avversari, o addirittura da trasformarli in piú o meno entusiastici ammiratori. Ed è questo, in effetti, uno degli aspetti piú singolari della situazione attuale. Il fatto, cioè, che, per trovare qualche critica o almeno qualche giudizio piú equilibrato del presente o del passato dell'America

– per leggere, ad esempio, che il suo ingresso nelle due guerre mondiali non è stato motivato solo da idealismo, o dal proposito di "salvare" l'Europa, ma anche, e specialmente, dal suo "interesse nazionale" di evitare che questa regione centrale del mondo fosse dominata da un solo centro di potere, oppure che non sempre, in campo internazionale, essa è stata "dalla parte giusta" – bisogna paradossalmente andare a cercarlo proprio nei libri e nei saggi di autori americani[89]. Mentre tutti gli altri o quasi, e in primo luogo le classi dirigenti della nostra vecchia e stanca Europa, sembrano incapaci di fare altro che unirsi al coro degli adulatori, o chiudersi in un imbarazzato silenzio.

Insomma, invece di opporsi al tentativo di Washington di usare i diritti umani per legittimare il proprio potere globale, l'Europa appare pronta a facilitare tale progetto. Nella speranza, forse, di potersi ritagliare una nicchia nell'impero americano nascente.

Un impero americano o una egemonia imperiale del disordine?

In una delle interviste rilasciate durante la crisi balcanica del 1999, Norberto Bobbio, sia pure con qualche cautela, prevede l'avvento di un "impero americano", non dissimile da quello romano[90]. Ma è davvero questa la prospettiva che, per quanto riguarda il nostro comune futuro, appare piú probabile? In casi come questo, nessuna risposta può essere perentoria, e nessun esame può essere esauriente. Vi sono tuttavia elementi, sia soggettivi che oggettivi, che potrebbero indurre ad escluderla.

Per quanto riguarda gli aspetti oggettivi, i dati da considerare sono, innanzi tutto, due: lo scoppio, a partire dall'inizio degli anni '90, dei "micronazionalismi" e la globalizzazione.

Nel caso del primo fenomeno, i suoi sviluppi futuri sono incerti. Nato come reazione spontanea al lungo periodo di "congelamento" della scena mondiale prodotto dalla rigida struttura del mondo bipolare, il movimento di rivendicazione del diritto all'autodeterminazione anche da parte di popoli di dimensioni molto limitate è infatti riconducibile, in primo luogo, al carattere in larga misura artificiale dell'equilibrio geopolitico creatosi al termine della prima guerra mondiale, e sostanzialmente confermato dalla fine della seconda. Nel senso che, in Europa, ed in modo particolare nelle sue regioni centro-orientali (si pensi solo alla Jugoslavia, alla Polonia, alla Romania, e alla Cecoslovacchia, per non parlare poi dell'Unione Sovietica), la formazione di una serie di Stati ufficialmente "nazionali" corrispose in maniera molto approssimativa – sia nel 1919 che nel 1945 – ad un'effettiva coincidenza tra inquadramento politico e realtà etnico-culturali: per cui quasi ovunque rimasero in vita corpose minoranze linguistiche, collocate politicamente in condizioni di forte assoggettamento. Una volta scomparso il vincolo esterno che durante il periodo del confronto Usa-Urss sembrava escludere ogni possibilità di cambiamento, fu quindi praticamente inevitabile che tale assetto crollasse su se stesso: mettendo in moto un processo di frammentazione di cui, ancora oggi, non si riesce a vedere la fine.

Un discorso in parte simile si può fare a proposito dei territori ex coloniali. Anche qui infatti, specie nella regione sub-sahariana del continente africano, lo spettacolo a cui si è assistito, e si sta ancora assistendo, sotto la doppia spinta delle rivendicazioni tribali e della corruzione crescente dei gruppi dirigenti, è quello del progressivo e cruento scollamento degli Stati presenti al momento della decolonizzazione. Processo che – anche a causa di una spinta demografica di proporzioni macroscopiche – pone, per il futuro, interrogativi a dir poco inquietanti.

Il secondo fenomeno che appare difficilmente compatibile con la nascita di un impero americano è, come si è accennato, la globalizzazione. Intesa in termini generali, vale a dire come «l'ampliamento, l'approfondimento e l'accelerazione di una interconnessione planetaria tra tutti gli aspetti della vita sociale contemporanea, da quelli culturali a quelli criminali, da quelli finanziari a quelli spirituali»[91], essa si configura, infatti, come un insieme di azioni sempre piú irriflesse ed immediate, che sembra sottrarsi ad ogni possibilità di inquadramento dall'alto.

Inoltre, ed è inutile nasconderselo, la globalizzazione non è solo una realtà fattuale ma è anche un'ideologia: che è quella della de-regulation. Vale a dire della inutilità, anzi della negatività, di ogni forma di controllo sui movimenti spontanei (o supposti tali: perché in realtà una regola è presente, ed è quella dei rapporti di forza) del "mercato". Anche come orientamento mentale, la globalizzazione si pone quindi in netta opposizione nei confronti della nascita di un unico centro di potere.

Infine, a produrre lo stesso risultato contribuisce il fatto che, di pari passo con il diffondersi della teoria e dalla pratica della de-regulation, tendono ad aumentare – non solo tra gli Stati ma anche al loro interno – le diseguaglianze economiche, e quindi sociali. Un processo che si sviluppa spesso in maniera particolarmente brutale, dando vita non tanto a nuove "gerarchie" (che sono compatibili con un potere imperiale) quanto ad un tessuto collettivo caotico: che, essendo contrassegnato dalla contemporanea presenza di settori sempre piú ampi della popolazione sostanzialmente privi – anche nei paesi economicamente piú avanzati – di una parte essenziale (quella economica) dei loro diritti di cittadinanza, e di altri collocati tanto in alto da ritenere di potersi disinteressare di ogni forma di "bene comune", appare destinato a sprigionare, col passare del tempo, dosi sempre maggiori di conflittualità e di violenza[92]

Tale contesto si presenta come difficilmente compatibile con lo sviluppo di una forma di potere che abbia un carattere "imperiale". L'osservazione storica ci indica, infatti, che gli imperi, a cominciare da quello romano, hanno sempre trovato una realizzazione su un territorio chiaramente delimitato e si sono costruiti raccogliendo intorno a loro una serie di paesi, non solo soggiogati, ma anche pronti ad assimilarne la "civiltà". E al cui centro si collocava un criterio – almeno da un certo momento in poi, condiviso – di "ordine": quando non addirittura l'idea di un *kat-echon*, vale a dire la convinzione che attribuiva a tale forma politica la funzione di "forza frenante", in grado di bloccare il trionfo del male e di ritardare la fine dall'eone attuale[93].

A tali aspetti "oggettivi" che rendono difficile immaginare la nascita di un potere americano effettivamente "imperiale", si devono poi aggiungere, per completare il quadro, quelli, "soggettivi", riguardanti la capacità degli Stati Uniti di svolgere consapevolmente un simile ruolo egemonico.

A prima vista la situazione sembra, per questo aspetto, presentarsi in termini favorevoli: posto che, come si è notato, dal punto di vista militare nessuno Stato – o coalizione di Stati –

appare in grado di superare, o anche solo di bilanciare, la potenza dall'America; che dal punto di vista economico rimane indiscussa la sua posizione di "fulcro"; e che infine, grazie al fenomeno del "pensiero unico", una situazione simile si è ormai sviluppata anche nel campo culturale e psicologico.

Anche queste circostanze, indubbiamente corpose, hanno, tuttavia, dei precisi limiti. Per quanto immensa, la potenza militare dell'America non è infatti tale da permetterle di intervenire in tutte le infinite crisi che, ogni giorno di piú, tendono a svilupparsi nel nostro pianeta, e neppure di far fronte, con successo, alla sfida del terrorismo. Dal punto di vista economico, la indubbia centralità del suo sistema non le consente – come fatti recenti hanno ampiamente dimostrato – di considerarsi al riparo da improvvise crisi e sbandamenti. Mentre per quel che riguarda l'ultimo aspetto, quello culturale e psicologico, se è vero che il pensiero unico è modellato sui parametri della sua mentalità collettiva e dei suoi stili di vita, egualmente certo è che il messaggio che essi trasmettono non è quello di una visione strutturata della società e di un insieme di valori coerenti, ma piuttosto di un ammasso di confuse pulsioni, centrate sulla casualità consumistica e su un uso praticamente senza limiti della violenza.

Infine, sul piano politico, il dato di cui tener conto è quello della diffusa riluttanza degli Stati Uniti ad assumersi stabilmente responsabilità globali. L'orientamento dell'americano medio, infatti, è quello che, giustamente, è stato definito come un *apathetic internationalism*, un internazionalismo apatico[94]: vale a dire una tendenza a dare genericamente per scontato che i desideri ed i progetti del suo paese debbano sempre prevalere al livello mondiale, mancante però della volontà di porsi il problema del modo in cui ciò possa e debba avvenire, o anche solo di informarsi di ciò che accade nel mondo circostante. E tale orientamento si riflette, in modo paradossale, sul funzionamento del processo decisionale. Nel senso che le stesse persone che sono elette per le loro idee nell'unico settore politico che veramente conta, quello interno («all politics is domestic politics» afferma un popolare detto americano), hanno poi – come deputati e senatori – un peso molto spesso determinante nella discussione dei piú gravi problemi mondiali, dei quali non sanno praticamente nulla (o, peggio, che valutano solo per le ripercussioni economiche ed emotive che possono avere sul loro elettorato).

Tutto questo spiega perché la prospettiva di un "impero americano", mentre è popolare in Europa, non lo è sull'altra sponda dell'Atlantico. Gli uomini politici e i commentatori che di tanto in tanto, in America, parlano della necessità dello sviluppo di un suo "istinto imperiale", ricorrono infatti a tale formula non per proporre che essa si faccia promotrice del progetto di una comunità politica mondiale, ma per il motivo, esattamente opposto, e cioè per chiedere che il loro paese assuma, sulla scena mondiale, una posizione di piú aperta difesa dei propri interessi nazionali, visto che fino ad ora, a loro giudizio, li ha troppo spesso sacrificati alle richieste dei suoi alleati o alle imposizioni delle Nazioni Unite[95]. E di conseguenza, quando insistono su una politica di attivo intervento planetario (ad esempio da parte della "nuova Nato"), sottolineano immediatamente la necessità di un suo carattere "selettivo".

Il modello che in tal modo viene proposto non è, insomma, quello, sognato da Kelsen, di una "pace attraverso la legge", affidata cioè alle giuste sentenze di una imparziale Corte sovranazionale, ma quello di un *global sheriff*, di uno sceriffo globale: in grado di operare – secondo la descrizione critica che ce ne offre Samuel Huntington – «raduna[ndo] delle "posse" [termine con il quale, nella seconda metà dell'800, si indicavano i gruppi di giovani armati a cui, in Inghilterra e in America, veniva affidato il compito di catturare un criminale, *n.d.a.*] composte da un insieme di Stati, al fine di affrontare, al loro sorgere, le piú gravi crisi internazionali»[96].

Se le cose stanno cosí, la prospettiva che si apre davanti a noi sembra essere, nella sostanza, non quella di un impero, ma quella di un "disordine egemonizzato". Di una situazione, cioè, in cui, accantonata ogni pretesa di "nuovo ordine mondiale", gli Stati Uniti, collocandosi al centro di un pianeta in costante tensione, si riservano il diritto di intervenire là dove lo ritengono piú utile. Ed in cui i diritti umani, ridotti a strumenti di legittimazione di una politica unilaterale, appaiono destinati ad essere evocati a comando, nei momenti in cui l'unica superpotenza lo riterrà opportuno. E, in tutti gli altri, ad essere dimenticati.

Come, emblematicamente, ci ha mostrato la giornata del 30 marzo 2001. Quando, nelle stesse ore, il presidente americano, George Bush jr, richiamandosi ai diritti umani, chiedeva ultimativamente al governo di Belgrado di arrestare Slobodan Milošević, ma contemporaneamente, e senza nessun imbarazzo, faceva riferimento agli interessi delle grandi industrie americane, per rinnegare la adesione del suo paese agli accordi di Kyoto sulla riduzione di quelle emissioni gassose che, con il loro "effetto serra", stanno avvelenando il pianeta.

VI. La falsa e la vera concezione dei diritti umani

Quella che si è fin qui esposta è la falsa concezione dei diritti umani. I suoi due errori – strettamente connessi l'uno all'altro – sono innanzi tutto la sua "ambigua ampiezza", la sua pretesa di poter prevedere e regolare tutto, e quindi il suo orientamento intrinsecamente "totalitario" (vedi p. 129). E poi la sua connotazione fortemente "punitiva", vale a dire la sua ispirazione a quella *politics of anger*, a quella politica della rabbia, di cui giustamente parla Charles Taylor[1]. Una impostazione complessiva che pone la basi per il suo attuale sfruttamento da parte degli Stati Uniti, come strumento del proprio progetto di controllo globale. Ma quale è, o almeno quale potrebbe essere, una concezione opposta di tale criterio?

Prima di provare a rispondere a questa domanda, cerchiamo però di completare l'esame della concezione dei diritti umani che, anche se falsa, ha fino ad oggi prevalso.

I diritti umani come "utopia cattiva"

Nelle pagine iniziali di questo saggio, si è già indicato che la nascita della visione dei diritti umani appare strettamente legata alla "unificazione" del nostro pianeta: vale a dire al fatto che gli uomini delle ultime due o tre generazioni vivono, e per la prima volta sono consapevoli di vivere, in un "mondo ristretto", i cui aspetti si presentano ormai come pienamente conosciuti e in immediata comunicazione tra loro. Ma si è detto anche che tale stato di cose è importante solo in quanto punto di partenza: nel senso che esso, mentre di per se stesso non produce nulla di positivo (anzi può perfino dar vita a maggiori tensioni ed insofferenze e quindi a piú violenti scontri), diventa invece importante se lo si legge come un "messaggio". Vale a dire come un invito a partire da questa nuova vicinanza di carattere fisico, e da questa totale reciproca conoscenza, per giungere alla convinzione che il concetto di "prossimo", che un tempo era limitato alle poche persone con cui avevamo una costante comunanza di vita, debba progressivamente allargarsi, fino a comprendere tutti coloro che – al di là di differenze esteriori e marginali – ci sono essenzialmente "simili".

In quanto possibile criterio ideale regolativo di tale nuovo stato di cose (in quanto "ideale platonico", direbbe Kant), i diritti umani, insomma, vengono a costituire un punto di riferimento di grande e fondamentale valore. A patto, però, di non scambiarli per ciò che essi non sono.

Su questo tema, Norberto Bobbio, ha scritto a piú riprese parole di esemplare chiarezza (anche se, in seguito, in larga misura ritrattate). Come punto di partenza si può quindi prendere una sua affermazione del 1965 (che abbiamo già ricordata, nel secondo capitolo): e cioè che «"diritti dell'uomo" è una espressione molto vaga»[2]. In un altro suo scritto di quasi un quarto di secolo piú tardi, lo stesso Bobbio si spinge tuttavia molto piú avanti: e lo fa quando, ponendosi una serie di domande molto serrate, e giungendo alla fine ad una conclusione logicamente ineludibile, affronta il nocciolo della questione, cioè il carattere effettivamente giuridico – o non giuridico – di tali criteri.

Le domande sono le seguenti: «Ci siamo mai chiesti che genere di norme siano queste norme che non comandano o proibiscono o permettono *hic et nunc*, ma comandano, proibiscono, permettono in un futuro imprecisato e senza una scadenza tassativa? E soprattutto ci siamo mai domandati che genere di diritti sono quelli che queste norme definiscono? Un diritto il cui riconoscimento e la cui effettiva protezione sono rinviati *sine die* e sono affidati alla volontà di soggetti il cui obbligo di eseguire il "programma" è soltanto un obbligo morale o un obbligo politico, possono ancora chiamarsi correttamente diritti? La differenza tra questi sedicenti diritti e i diritti propriamente detti non è tanto grande da rendere improprio l'uso della stessa parola per designare gli uni e gli altri?»[3].

E le conclusioni sono due. La prima è di carattere teorico: «Le carte dei diritti, sino a quando rimangono nell'ambito del sistema internazionale da cui promanano, sono, piú che carte dei diritti nel senso proprio della parola, espressioni di buone intenzioni, tutt'al piú direttive generali d'azione protese verso un futuro indeterminato e incerto, senza alcuna garanzia di attuazione oltre la buona volontà degli Stati, e senza altro sostegno che la pressione dell'opinione pubblica internazionale»[4].

La seconda, e finale, conclusione è invece di carattere pratico. Considerando del tutto giustificata «la preoccupazione di coloro per i quali chiamare "diritti" [quelle che sono] richieste, nella migliore delle ipotesi, di diritti futuri significa creare delle aspettative che possono non essere mai soddisfatte», Bobbio ritiene infatti indispensabile «denunciare [...] l'uso ingannevole che si fa del termine "diritto" nelle dichiarazioni di questo o quel diritto dell'uomo nella società internazionale». E tale denuncia gli appare tanto piú opportuna se si tiene presente che questo «uso ingannevole» avviene «non senza una certa ipocrisia, giacché coloro che stanno seduti al tavolo di un'assise internazionale, siano uomini politici, diplomatici, giuristi o in genere esperti, non possono non sapere che ciò attorno a cui discutono sono puramente e semplicemente proposte o direttive per una futura legislazione»[5]. Insomma, che «altro è un diritto, altro una promessa di un diritto futuro»[6].

Lo stesso dato di fondo – che non esistono veri diritti senza corrispettivi doveri: cioè che la "bilateralità" è un aspetto essenziale di ogni norma giuridica[7] – viene messo in luce da molti altri studiosi. Per cui, se Bobbio afferma perentoriamente «la figura del diritto ha per correlativo la figura dell'obbligo: come non esiste padre senza figlio e viceversa, cosí non esiste diritto senza obbligo, e viceversa», Andrés Ollero Tassara – per fare un solo esempio – ci spiega in forma piú discorsiva: «*Non ogni pretesa*, per quanto ragionevole, è *un diritto*»[8]: perché «ogni diritto è una libertà "aggiustata" dalla dimensione sociale»[9]. E, riferendosi piú direttamente al tema di cui ci occupiamo, aggiunge: «Lo sfortunato articolo 29,2 della Dichiarazione Universale suggerisce una sorprendente duplice conseguenza: una pretesa è giuridica "prima" di assumere tale condizionamento; d'altra parte, però, a condizionare ogni "diritto" sarebbero delle realtà presumibilmente non giuridiche (morali, politiche) senza giustificazione alcuna. Sembra essere stato dimenticato che non vi sono *diritti senza doveri*, perché il diritto non è mai un'affermazione dell'esistenza propria, ma contemporaneamente assunzione [...] dell'esistenza altrui»[10].

Il punto, tuttavia, è che – come ci ha appena indicato Ollero Tassara, e come si è accennato nel primo capitolo – i diritti umani, sia nella Dichiarazione del 1948, sia nei documenti successivi, sono stati presentati partendo proprio da questa loro definizione assolutamente unilaterale ed astratta. Con la conseguenza di dar vita a una serie innumerevole di situazioni del tutto fittizie: in cui agli individui (a tutti indistintamente gli uomini e le donne presenti sul pianeta) sono stati attribuiti certi diritti (alla sicurezza sociale, ad un'eguale retribuzione per un eguale lavoro, alle ferie periodiche retribuite, e perfino ad un ordine sociale ed internazionale in cui tutti gli altri diritti possano essere realizzati) senza indicare chi, in quali condizioni e con quali limiti, era tenuto ad assumersi gli obblighi corrispondenti. Inoltre, cosa non meno grave, con lo stesso criterio si è proceduto anche al momento di fissare alcuni doveri: il piú importante dei quali è sicuramente quello di non compiere mai atti che rappresentino un crimine contro l'umanità, anche nel caso che si sia ricevuto un ordine in tal senso da un proprio superiore legittimo. Col risultato che, visto che tali crimini si collocano quasi sempre nel quadro di una guerra, e che, in simili circostanze, chi disobbedisce ad un ordine si espone ad un immediato pericolo di essere gravemente punito (perfino con la morte), la fissazione di un simile obbligo, mancante della correlativa indicazione di come lo stesso individuo possa sottrarsi al rischio gravissimo ed immediato che deriverebbe dalla sua disobbedienza, significa o richiedere da lui di comportarsi come un eroe – che è cosa chiaramente assurda – oppure, piú realisticamente, aprire la strada a continui abusi, vale a dire a condanne ed assoluzioni decise nel modo piú arbitrario.

Tenendo conto di tutto questo, la situazione che si crea sulla base della falsa interpretazione dei diritti umani si presenta come un classico caso di quella che si può definire una "utopia cattiva".

Infatti, mentre una "utopia buona" è quella che, fedele al proprio nome, non ha nessuna pretesa di poter essere immediatamente realizzata, e propone il suo progetto con il fine dichiarato di spingere chi la prende in considerazione a riflettere sulla realtà che ha di fronte ed a scoprirne, per contrasto con un modello ideale, gli aspetti negativi, il suo opposto – cioè una "utopia cattiva" – è quella che, pur avendo una ispirazione genericamente giusta, ma tendendo a sottovalutare gli ostacoli da affrontare, pretende che l'obiettivo scelto possa essere raggiunto con dei cambiamenti puramente esteriori (l'emanazione di nuove leggi, la creazione di nuovi organi operativi, ecc.). E che, cosí facendo, inganna coloro a cui si rivolge, non li stimola a valutare realisticamente gli sforzi da compiere per cambiare la situazione esistente, ed infine si presta a diventare lo strumento di operazioni del tutto abusive. Esattamente ciò che, da qualche tempo, sta avvenendo in nome dei diritti umani.

Lo Stato da "mostro freddo" ad "agente umanitario"

Se la indicazione di diritti a cui non corrispondono doveri (e di doveri a cui non corrispondono diritti) è sicuramente l'aspetto piú evidente della falsità dell'attuale concezione dei diritti umani, il suo carattere di "utopia cattiva" non si limita, tuttavia, unicamente a questo. Vi sono infatti altre sue contraddizioni interne troppo macroscopiche per essere ignorate. Esaminiamo le tre che si possono considerare come le piú importanti.

Nel primo capitolo di questo libro, citando Hedley Bull, si è notato che i diritti umani, facendo dei singoli individui i protagonisti della scena politica mondiale, avevano un carattere intrinsecamente "sovversivo": in quanto la loro eventuale attuazione avrebbe inevitabilmente posto le premesse per la disgregazione dell'attuale sistema internazionale, basato, appunto, sul rapporto tra Stati, considerati come sovrani.

Sempre rimanendo sullo stesso tema, è interessante notare la presenza di un altro aspetto "sovversivo", la cui portata è di sicuro non meno rilevante. E che consiste nel fatto che la concezione dei diritti umani attualmente esaminata immagina che – non in un futuro piú o meno lontano, ma già oggi – possano essere proprio gli Stati ad assumersi il compito della loro realizzazione. Con la conseguenza che gli stessi soggetti politici che, da un lato, si tende a svuotare del loro potere, in quanto possibili oppressori dei loro stessi cittadini, vengono, dall'altro, presentati come entità capaci di mettere da parte, in determinati momenti, ogni valutazione utilitaria, e di sacrificare notevoli risorse economiche ed anche umane, al fine di agire per il trionfo di un criterio etico-giuridico universale. Insomma, lasciatasi alle spalle la loro consolidata natura di "mostri freddi", decisi a seguire, a spese di tutti, la loro esclusiva "ragione", gli Stati – secondo questa impostazione – sarebbero ormai pronti a trasformarsi, grazie ad un colpo di bacchetta magica, in innocui e disinteressati "agenti umanitari".

Ma chi può credere davvero a questa improvvisa conversione? Chi, cioè, può davvero pensare che una storia millenaria, impastata di sangue e di malvagità, sia giunta, proprio in questi anni, alla sua conclusione, per lasciare il posto ad un quadro del tutto diverso? E specialmente chi può compiere un simile straordinario atto di fede quando – come scrive Jack Donnelly – «prove schiaccianti tratte da una triste esperienza indicano che, a dispetto della sua attrattiva morale, la teoria dell'intervento umanitario non è probabilmente altro che una nuova scusa per interventi interessati, dei potenti contro i deboli»?[11]

Ovviamente, ognuno ha la possibilità – e il diritto – di illudersi come meglio crede, e convincersi che, grazie ad un singolare mutamento genetico, esistono oggi Stati capaci di condurre "guerre altruiste" (vedi p. 89). Altri, con eguale legittimità, possono però pensare che quella che, in tal modo, viene proposta è una cattiva, o pessima, utopia: destinata a produrre risultati della stessa natura.

I diritti umani contro la sovranità popolare

Alla fine del precedente capitolo, e all'inizio dell'attuale, si è sottolineato l'elemento di "totalitarismo" presente nei diritti umani: e questa notazione è, forse, potuta apparire eccessiva. In realtà, però, le cose stanno esattamente cosí. Nel momento stesso in cui si pretende che tali diritti abbiano già assunto il ruolo di criterio universale è infatti il loro valore assoluto, per quanto riguarda la vita dei singoli popoli, che viene postulato. Essi diventano cioè, inevitabilmente, il criterio supremo, a cui tutti sono tenuti ad attenersi. Ma se le cose stanno cosí, se essi sono diventati e devono essere riconosciuti come l'unico punto di riferimento, che cosa accade alla sovranità popolare?

Se noi, ritornando indietro di oltre due secoli, osserviamo la nascita delle prime dichiarazioni dei diritti dell'uomo, constatiamo che esse sono state l'iniziativa di due popoli – l'americano e il francese – che, essendo appena usciti da situazioni non democratiche (lo stato di colonia, nel primo caso, e la monarchia assoluta, nel secondo), desideravano fissare, in questi documenti, i princípi – di libertà e di autonomia – della loro nuova condizione collettiva, a suggello di quanto già realizzato, ma anche come baluardo contro ogni possibile pericolo di ritorno al passato.

Se, subito dopo, spostiamo lo sguardo al quadro attuale, la conclusione che dovremmo trarne è che l'esigenza da cui essi sono nati dovrebbe essere considerata, nei paesi che si sono date istituzioni democratiche, risolta. Una volta constatato che, al loro interno, le condizioni – un tempo separate – di "uomo" e di "cittadino" sono venute a coincidere, e che la sovranità risiede ormai nel popolo, è infatti tale "popolo sovrano" che, se lo vuole, ha la possibilità di correggere, in questo campo, tutte le distorsioni e tutte le manchevolezze. E, se non lo fa, vuol dire che non lo vuol fare, o che considera impossibile farlo.

Sostenere di poter sindacare questo stato di cose dall'esterno – cioè avendo come unico criterio di giudizio i diritti umani – non implica quindi unicamente la affermazione di un diritto di ingerenza nella accezione generica del termine – per quanto riguarda, cioè, la riduzione o la soppressione della sovranità statuale – ma anche nel suo senso piú concreto, vale a dire come possibilità di interferenza nel processo politico di un determinato paese, attraverso la rivendicazione di un potere di decidere fino a che punto agli aspetti "formali" del suo regime piú o meno pienamente democratico – lo svolgimento di elezioni libere, la presenza di una Costituzione basata sulla divisione dei poteri, ecc. – corrisponda una realtà effettiva. Ma – ci si deve subito chiedere – chi può assumersi un simile ruolo? E su quali basi, anche solo di conoscenza, può esercitarlo?

Di solito questo nodo – questo vero e proprio dilemma, derivante dalla falsa, in quanto totalitaria, concezione dei diritti umani – non viene in piena luce perché, ad essere messi sotto accusa, per la violazione di tali criteri, sono quasi sempre regimi autoritari o dittatoriali. È però evidente che, una volta stabilito il loro valore assoluto, il problema si pone, inevitabilmente, in termini generali. Tutti gli Stati, cioè, dovrebbero essere osservati, giudicati, ed eventualmente condannati e perfino puniti, per i loro comportamenti non conformi a tali regole. Ma – vale ancora una volta la pena di ripeterlo – da parte di chi? E con quali conseguenze?

Le difficoltà a cui ci si può trovar di fronte attraverso una simile interpretazione, e gestione, dei diritti umani sono state messe in luce, negli scorsi anni, dai tragici avvenimenti dell'America latina. Chiusosi il periodo dei colpi di Stato militari e di quei veri e propri massacri che sono state le operazioni "antiguerriglia", molti paesi di questa regione hanno infatti dovuto fare i conti con due opposte esigenze: derivanti, da un lato, da un criterio di giustizia e, dall'altro, dalla necessità di una pacificazione e di una ricostruzione del tessuto nazionale. E, privilegiando la seconda, hanno ritenuto opportuno rinunciare a perseguire determinati crimini, anche gravissimi e di massa, per accontentarsi – attraverso il lavoro di apposite commissioni – di un semplice "accertamento della verità". Col risultato che lo scontro frontale tra la sovranità popolare e la falsa concezione dei diritti umani è stato evitato, perché la prima ha prevalso sulla seconda, e la sua pretesa di "totalitarismo", è stata sconfitta.

Una situazione sostanzialmente eguale si svilupperebbe – sia pure per altra via – qualora un certo numero di governi decidesse di affidare ad un organo collettivo comunemente scelto la supervisione delle loro azioni in questo campo. Anche in questo caso, infatti, ciò a cui si assisterebbe sarebbe, non l'imposizione dall'esterno di una serie di norme predefinite, ma una limitazione volontaria di sovranità: dello stesso tipo di quella che si è prodotta nella Unione Europea, al cui interno la Commissione ha il diritto di stabilire criteri vincolanti per i singoli paesi membri, ma solo perché i loro cittadini hanno dato il loro consenso alla firma di tali accordi. I quali, per di piú, in nessun caso possono fornire la base per ultimatum o azioni di forza, in quanto sono destinati a rimanere in vigore solo fino a che questo assenso rimane presente.

Per i diritti umani, specie recentemente, si è preferito imboccare, invece, una strada diversa: quella di una interpretazione, e di una forma di realizzazione, di tipo autoritario. E gli effetti di tale scelta rischiano di essere disastrosi. Visto che è fin troppo evidente che solo i forti possono imporre qualcosa ai deboli, mentre un procedimento inverso non è neppure concepibile, essa infatti contiene in sé il costante rischio di una strumentalizzazione di carattere "imperiale". Pone cioè le basi oggettive per quel fenomeno dell'imperialismo dei diritti umani, di cui gli Stati Uniti si presentano oggi, sempre piú, come i protagonisti.

I diritti umani e lo Stato mondiale

È proprio seguendo il filo logico del ragionamento appena fatto che si arriva ad un terzo, ed ultimo, aspetto contraddittorio della attuale concezione dei diritti umani.

Al fine di risolvere la contrapposizione che si è appena indicata – quella tra norme di valore universale, e quindi immediatamente obbligatorie per tutti, e la sovranità popolare che anch'essa rivendica, nel suo ambito, un valore assoluto – molti sono infatti giunti alla conclusione che i diritti umani potranno trovare una concreta attuazione unicamente nel giorno in cui esisterà uno Stato mondiale. Ed in effetti è vero che, in un quadro giuridico di questo tipo, la situazione, per quanto riguarda tale aspetto, cambierebbe radicalmente. Perché, se si arrivasse ad una situazione in cui la popolazione dell'intero pianeta attribuisse ad un parlamento da lei eletto il compito di scrivere un codice in cui tali criteri diventassero leggi, il risultato sarebbe quello di avere, contemporaneamente, il rispetto sia della sovranità popolare che dei diritti umani. Pensare che in tal modo tutti i problemi sarebbero risolti rappresenterebbe tuttavia un grave errore.

Nel libro che ha dedicato all'esame del totalitarismo, Hannah Arendt fa infatti un'osservazione importante. Dopo aver chiarito che «una volta svanita l'autorità dei criteri assoluti e trascendenti della religione o del diritto naturale [...], l'identificazione del diritto con l'utile – per l'individuo, la famiglia, il popolo o il maggior numero di persone – diventa inevitabile», aggiunge: «La difficoltà non viene meno se la comunità a cui si riferisce il bene comune comprende l'umanità intera. Perché è perfettamente concepibile, ed in pratica politicamente possibile, che un bel giorno una umanità altamente organizzata e meccanizzata decida in modo democratico, cioè a maggioranza, che per il tutto è meglio liquidare certe sue parti»[12]. E ha perfettamente ragione.

Infatti, mentre dal punto di vista puramente fattuale è del tutto chiaro che l'esistenza di un solo Stato mondiale risolverebbe sia il problema del contrasto tra sovranità popolare e diritti umani che quello del loro carattere giuridico e quindi della loro attuazione, non vi è nessuna garanzia su quale potrebbe essere l'effettivo orientamento di questo unico centro di potere politico. Perché, cosí come oggi molti Stati democratici violano i piú elementari diritti umani (da quello alla vita a quello della sussistenza, da quello all'istruzione a quello della integrità personale), egualmente è possibile pensare che anche uno Stato mondiale potrebbe fare altrettanto.

Ed allora, si arriva alla contraddizione fondamentale che si colloca al centro della falsa concezione – al tempo stesso "totalitaria" e "punitiva" – dei diritti umani. Chi infatti – nel caso che tale autorità planetaria non rispettasse tali criteri – dovrebbe assumersi il compito di esercitare nei suoi confronti un "diritto umanitario di ingerenza"? Una qualche entità extraterrestre? Gli abitanti di Marte? Oppure Dio stesso in persona?

Lo scenario ipotetico di uno Stato mondiale ha, insomma, il grande pregio di farci toccare con mano – per assurdo – la sostanziale vuotezza, e quindi la enorme pericolosità, della concezione attualmente prevalente dei diritti umani: che, considerandoli quali concetti giuridici già effettivamente esistenti, li ritiene anche suscettibili di essere realizzati con la forza. E ci obbliga a chiederci se tale nozione – che pure ha una profonda legittimità, in quanto affonda le sue radici nella realtà del mondo che abbiamo oggi di fronte – non possa, e non debba, avere, un'altra, e piú valida, collocazione.

La vera concezione dei diritti umani

Se i diritti umani non sono la concezione totalitaria e punitiva che si è finora esaminata – la quale, anche quando non viene strumentalizzata, ed asservita a fini di potere, produce inevitabilmente conseguenze inaccettabili – che cosa sono, e che cosa dovrebbero essere?

I diritti umani come criterio "meta-giuridico"

La risposta a questa domanda fondamentale è stata accennata piú volte, nel corso delle pagine precedenti. E cioè che essi sono il criterio – ideale e "meta-giuridico"[13] – che nasce spontaneo nella coscienza collettiva, nel momento in cui noi tutti ci rendiamo conto di essere gli ospiti di un pianeta infinitamente limitato, nel doppio senso di questo termine: e cioè che esso è solo una minima particella dell'universo a cui appartiene, e che, a causa delle sue successive trasformazioni, è ormai immediatamente comunicabile in tutti le sue parti ed in tutti i suoi aspetti. In un simile sfondo, gli uomini infatti, se non vogliono scivolare rapidamente verso un razzismo militante, vale a dire avviarsi a combattersi senza fine, per dividersi in "superiori" ed "inferiori" (i primi, pochi, in posizione di totale dominio, e gli altri, sempre piú numerosi, costretti a soffrire e servire), non possono fare altro che cercare di trovare nuove regole che li uniscano e li accomunino.

In altre parole, mentre fino ad alcuni decenni fa ognuno poteva "sapere" che vi erano altri suoi simili che, in quel momento, morivano di fame, o erano torturati, violentati e sopraffatti, senza che tale dato gli ponesse un immediato problema etico, oggi non è piú cosí. Questo non significa, ovviamente, che tutti siamo diventati immediatamente "compassionevoli": perché è anzi evidente che tutta una parte dell'umanità postmoderna – quella che ha negato ogni concetto di dovere, e ha fatto del consumismo il proprio unico criterio di comportamento – tende sempre piú, di fronte agli spettacoli orribili che si spalancano davanti ai suoi occhi, a "indurire il proprio cuore", e a diventare insensibile nei confronti delle sofferenze e delle ingiustizie che la circondano, quando non addirittura a adottare impostazioni mentali apertamente razziste. Ma vuol dire che, per chi non sceglie questo orientamento, l'idea di un "mondo uno", al cui interno i diversi possano riconoscersi come eguali, e gli eguali possano mantenere il diritto di essere diversi, si manifesta in modo sempre piú urgente. E l'espressione di questo bisogno è rappresentata proprio dalla visione di un insieme di diritti umani universali: che, includendo tutti gli uomini, li mettano sullo stesso piano.

Scambiare questa grande visione ideale di una nuova forma di convivenza planetaria per un "lista" di norme giuridiche già promulgate, e realizzabili anche con la forza, è un gravissimo errore. E non soltanto per i motivi in precedenza esaminati: per la mancanza di un codice generalmente accettato e di una autorità realmente imparziale, e perché ogni azione punitiva diretta a difendere o restaurare alcuni diritti umani ignorati provoca inevitabilmente la violazione di altri diritti dello stesso tipo: fino a quello essenziale, della conservazione della vita. Ma per una ragione ancora piú profonda: e cioè che la visione dei diritti umani ha come criterio ispiratore e come fine quello di unire gli uomini e le donne del nostro pianeta, e non di seguitare a contrapporli e a dividerli.

La strada da seguire per la sua realizzazione non può, quindi, essere altro che radicalmente diversa: cioè quella del dialogo (di un «discorso razionale sui diritti», si potrebbe dire, seguendo John Stuart Mill), e quindi della persuasione. E infine, sul piano concreto, del loro riconoscimento – e del progressivo accoglimento nella propria legislazione – da parte di un numero sempre maggiore di Stati (o gruppi di Stati: come nel caso dell'Unione Europea). «I diritti umani – scrive infatti molto opportunamente Jack Donnelly – sono, in ultima istanza, un problema essenzialmente nazionale, non internazionale. In un sistema internazionale, in cui i governi sono nazionali e non globali, i diritti umani sono, per definizione, un problema interno.» E subito dopo aggiunge: «Chi può impedire ad un governo di soccombere alle tentazioni e alla arroganza della sua forza e del suo potere? Chi può obbligare un governo a rispettare i diritti umani? L'unico candidato credibile ad assumere tale ruolo è lo stesso popolo i cui diritti sono messi in discussione»[14].

Un criterio che appare valido anche per quanto riguarda il problema degli interventi esterni. «Il maggiore contributo che le superpotenze possono dare alla soluzione del problema dei diritti umani – scrive ancora Donnelly – potrebbe consistere nel proprio autocontrollo, nella propria rinuncia ad appoggiare o incoraggiare i governi che violano tali diritti. Se tutti i paesi, e specialmente i piú grandi, evitassero di appoggiare e di rendersi complici dei regimi repressivi – cioè se una politica di non-intervento positivo diventasse la norma – [...] il destino dei diritti umani tornerebbe ad essere deciso dalla lotta tra i dittatori ed i loro cittadini, che è il luogo in cui questo problema realmente si colloca, e dove qualsiasi duraturo successo può essere ottenuto»[15].

La scelta di questa strada – piú lunga, piú tortuosa, piú difficile, ma anche piú sicura – per la progressiva creazione di una "cultura dei diritti umani"[16], non dipende inoltre unicamente dai difetti, e dai pericoli, di quella opposta: dal fatto, cioè, che dare il via libera – come fa Habermas – ad un'azione di "supplenza umanitaria armata" da parte di un gruppo di paesi (che poi, di fatto, sono gli stessi che, per citare Donnelly, appoggiano e incoraggiano, in quanto "amici", una serie di regimi dittatoriali ed oppressivi) è una decisione che, sul piano etico-giuridico, non si può in nessun modo accettare. Ma anche da un altro motivo, di indubbio rilievo.

Quando si parla dei diritti umani, i primi che vengono in mente, infatti, sono quasi sempre quelli politici: la possibilità di votare per scegliere i propri governanti, quella di eleggere e di essere eletti, la libertà di parola di stampa e di associazione, eccetera. Che hanno sicuramente un grande valore, ma sono anche i piú difficili da valutare, e quindi i piú controversi: come dimostra il fatto che, nello stesso mondo occidentale, essi hanno assunto la loro forma attuale da meno di un secolo, mentre prima sono stati o ignorati, o soggetti a interpretazioni molto discordanti. Non è stato infatti proprio quello stesso Stuart Mill che abbiamo appena citato – vale a dire uno dei massimi teorici del pensiero liberale – a sostenere la necessità di un diritto al voto differenziato, a seconda delle condizioni economiche e sociali dei cittadini, e perfino delle loro "qualità etiche"[17] (cioè la stessa tesi per cui, pochi anni fa, il presidente di Singapore, Lee Kwan Yew, è stato posto sotto accusa dai piú accesi sostenitori dei diritti umani)? E vi è davvero qualcuno che può ignorare le limitazioni di fatto che tali diritti ancora oggi subiscono nella “nostra” parte del mondo: in primo luogo attraverso i condizionamenti che i finanziamenti da parte del grande capitale hanno – specie negli Stati Uniti – sulla effettiva libertà delle scelte elettorali?[18]

In tutti i casi, qualunque cosa si voglia pensare su questo punto, è però evidente che non meno importanti dei diritti umani politici sono quelli di altra natura: a cominciare, ovviamente, da quelli economico-sociali. Anzi, la tesi che, non senza fondamento, si può sostenere è che sono proprio questi ultimi ad avere un valore essenziale: sia da un punto di vista concreto – posto che è molto improbabile che chi non riesce a sfamarsi possa sviluppare un vero interesse per il diritto a votare liberamente o in qualsiasi modo conservare la propria “dignità umana”[19] – sia da uno ideale, perché è solo assicurando ad ogni abitante del nostro pianeta una quota di protezione – e, se non di benessere, almeno di capacità di sopravvivenza – che si può cominciare a dare forma concreta a quella idea del “mondo come comunità” (e non piú come semplice “luogo”, che accoglie casualmente individui diversi), che costituisce il fondamento ideale piú legittimo della visione dei diritti umani.

Eppure, sono proprio queste aspirazioni quelle che, attraverso una impostazione puramente giuridica dei “diritti umani”, non possono trovare alcuna soddisfazione. In che modo, infatti, ottenere che tutti gli uomini abbiano cibo sufficiente (quanto meno a non morire di fame), o ricevano una paga adeguata (quanto meno a permettergli di formarsi una famiglia e di nutrire ed educare i propri figli), o addirittura il giusto periodo di riposo e di vacanze, semplicemente scrivendo in un pezzo di carta, oppure in una solenne “dichiarazione”, tali legittime aspettative? Come sperare, con queste parole, di cambiare la realtà fattuale, e, da un lato, di far sí che uno Stato abbia le risorse materiali (e le capacità amministrative) per adempiere a simili compiti, e dall’altro che abbia la volontà politica di farlo? Non è palese, cioè, che, se presi sul serio, i diritti umani economici e sociali richiederebbero sia un trasferimento di risorse economiche (dai paesi piú ricchi a quelli piú poveri) sia, contemporaneamente (o addirittura in precedenza), una trasformazione profonda del tessuto della società in cui queste carenze si manifestano? In altre parole, che la realizzazione di queste aspirazioni basilari presuppone una forma molto diversa di convivenza internazionale, mentre il semplice limitarsi ad enumerarle, per poi constatare che nulla è stato fatto, o indicare come colpevoli di inadempienza solo certi governi e certi Stati (che sono sempre "altri", e mai noi stessi), non serve a nulla, o peggio si risolve in un esercizio straordinario di ipocrisia e di cinismo?

Per rendere piú immediatamente comprensibile tale stato di cose, fermiamoci per un momento su una situazione esemplare, quella del lavoro minorile: il cui sfruttamento tutti si affannano a condannare (anche se molti paesi, perfino occidentali, seguitano a tollerarlo al loro interno). Come riuscire, infatti, ad eliminarlo, o almeno a ridurlo in maniera sensibile, quando, in quelle società in cui ha una valenza massiccia, esso non solo rappresenta un costume secolare, ma anche – in uno sfondo di estrema povertà diffusa e di altissima disoccupazione generale – ha una funzione precisa di sostentamento familiare? In casi come questi, è fin troppo chiaro che le parole – specie se di condanna – possono, forse, far sentire piú bravo, e quindi "superiore", chi le pronuncia, ma non contribuiscono in alcun modo a mutare la situazione di fatto. Insomma, come scrive E. Vierdag, è certamente «fuorviante adottare uno strumento che già a causa della sua stessa titolazione e della formulazione letterale delle clausole promette di attribuire agli individui dei "diritti", ma che di fatto non lo fa, o lo fa solo marginalmente»[20]. Mentre qualche effettivo risultato potrebbe sicuramente essere raggiunto attraverso un impegno diretto a modificare, sia pure solo progressivamente, il quadro economico-sociale, e di conseguenza anche psicologico, dei luoghi in cui tale distorsione è piú frequente, al fine di renderla sempre meno necessaria, e quindi anche sempre meno ricorrente.

E un discorso simile si può fare per molti altri diritti umani, compresi anche quelli civili. Perché, se da un lato è vero che certi costumi e certe pratiche aberranti – la pena di morte, la tortura, le varie forme di lavoro forzato e di semi-schiavitú, l'uccisione delle neonate, alcune mutilazioni femminili, ecc. – affondano le loro radici in determinate tradizioni, è però certo che spesso esse si mantengono in vita anche grazie a condizioni generali di miseria, di emarginazione e di arretratezza. E che quindi una forma di pressione esterna, diretta alla loro eliminazione, può avere un effetto solo se è accompagnata – o meglio preceduta – da un atteggiamento di partecipazione e di "compassionevole coinvolgimento". Che sul piano concreto dovrebbe significare, innanzi tutto, la disponibilità (anche nel ricordo di ciò che a molti popoli ha fatto il colonialismo) ad assumersi una quota dello sforzo finanziario che, per raggiungere tale obiettivo, non si può fare a meno di compiere.

Un esame delle iniziative attraverso cui un simile orientamento dovrebbe manifestarsi ci porterebbe, ovviamente, molto lontano: in quanto ci obbligherebbe ad entrare nelle infinite sottigliczzc tecniche, e nelle costanti polemiche, del dibattito sulle varie forme di assistenza ai paesi "in via di sviluppo". E quindi è opportuno arrestarci immediatamente. Per limitarci a notare che almeno una parte di queste difficoltà potrebbero essere superate se l'orientamento di base cambiasse: cioè, se invece di affrontare questo problema enumerando i diritti da riconoscere (e litigando sul loro numero e sul loro ipotetico statuto giuridico), si partisse dalla premessa che l'aiuto ai paesi piú poveri non è un atto di pura generosità (che quindi può essere accompagnato da costanti ed ultimative richieste: quali quelle regolarmente formulate, al momento della concessione dei prestiti, dal Fondo monetario internazionale), ma una conseguenza diretta dalla visione del "mondo come comunità". Se cioè, da tutti e in primo luogo dai paesi occidentali, si accettasse l'idea che i diritti umani, intesi in modo concreto e non astratto, significano anche, o meglio innanzi tutto, un sentimento di corresponsabilità per quanto accade sul nostro pianeta, e quindi anche di "comune proprietà" dei beni essenziali, indispensabili ad assicurargli uno sviluppo meno squilibrato, ed in primo luogo a fornire il massimo di garanzie per la sopravvivenza di tutti i suoi abitanti[21]. Esattamente il contrario di tutto quello che i paesi occidentali, perfino da un punto di vista teorico, si sono dimostrati disposti ad accettare[22].

L'educazione sentimentale e la comportevolezza

Un simile approccio – non giuridico – al problema dei diritti umani si avvicina molto a quello che, da alcuni anni, è stato sostenuto da Richard Rorty. La tesi di Rorty è infatti che una sempre maggiore realizzazione di tali criteri non è legata ad una migliore comprensione di ciò che essi sono e di quale è il loro fondamento, e ancor meno al tentativo di imporli con la forza, ma ad un «progresso dei sentimenti»[23], frutto, a sua volta, di una «educazione sentimentale»[24]. E questo perché la giustizia, che ne costituisce il motivo ispiratore, non deve essere concepita come il frutto di un imperativo della ragion pratica, ma come una «forma di lealtà piú ampia»[25], una «estensione della sfera degli esseri che contano quanto "noi"»[26]. Con la conseguenza che «ciò che Kant descriverebbe come un conflitto tra obblighi morali e sfera emotiva, o tra ragione e sentimento, è, [piuttosto], un conflitto tra lealtà appartenenti a diversi livelli»[27].

Ovviamente, riportando queste affermazioni di Rorty non si intende sottoscriverne tutto il retroterra teorico: che può legittimamente suscitare qualche perplessità. Cosí come appare opportuno sottolineare subito che il "piú" a cui esse fanno riferimento – la "lealtà *piú* ampia" – non deve essere interpretato in senso gradualistico (per cui, almeno temporaneamente, una parte dell'umanità potrebbe restarne esclusa), ma come un salto deciso dalla situazione attuale a quella di una "comunità globale" che includa indistintamente tutti gli esseri umani. Fatte tali precisazioni, risulta però evidente la vicinanza tra questa impostazione e l'idea di un "allargamento del concetto di prossimo", alla quale, nelle pagine che precedono, si è piú volte accennato. Cosí come un'eguale consonanza esiste per quanto riguarda la spinta che può mettere in moto tale processo: visto che a stimolare la nostra reazione emotiva – sia essa di lealtà o di compassione – non può ovviamente bastare il "fatto" che la unificazione fisica del nostro pianeta ci permette ormai di "toccare con mano" – e non piú semplicemente di "conoscere" – le sue ingiustizie e crudeltà, ma richiede anche, ed innanzi tutto, la presenza di un moto di condanna, e di insopportabilità, per un simile spettacolo.

Quello che in tutti i casi è però chiaro è che una "cultura dei diritti umani" cosí concepita non può avere – in contrasto con l'attuale impostazione di punitività e di arroganza culturale – altro carattere che non sia quello della "mitezza"[28]. Sia i diritti che i doveri che si vogliono veder riconosciuti e rispettati dovrebbero, cioè, essere "miti", consapevoli degli ostacoli fattuali con cui ogni progetto di cambiamento fatalmente si scontra, ed anche dei limiti della nostra capacità di comprensione e perfino della nostra buona volontà. Mentre la virtú che si dovrebbe cercare di far prevalere dovrebbe essere quella della "comportevolezza".

In una bellissima pagina della parte conclusiva della *Scienza Nuova*, Giambattista Vico, dopo averci posto sotto gli occhi lo spettacolo di una umanità che ha a lungo «marcito» nell'«ultimo civil malore» dell'anarchia e dell'autodistruzione, sostiene che il «rimedio» in grado di salvare «popoli di siffatta riflessiva malizia» è di far sí che essi «cosí storditi e stupidi, non sentano piú agi, dilicatezza, piacere e fasto, ma solamente le necessarie utilità della vita; e nel poco numero degli uomini alfin rimasti, e nella copia della cose necessarie alle vita, divengano naturalmente comportevoli»[29].

Ed è appunto di qui che noi – anche se la nostra situazione non ha raggiunto un eguale livello di degrado – possiamo forse trarre una indicazione anche attuale. La "comportevolezza", infatti, non è né saccente come la tolleranza (che nasconde sempre, in chi la pratica, una pretesa di superiorità), né indiscriminata come la "accettazione": che sembra imporre a tutti di accogliere acriticamente atteggiamenti e costumi che, psicologicamente ed eticamente, sentono di non potere approvare. Piuttosto è il frutto della consapevolezza che ognuno di noi, per vivere, e non distruggere i suoi simili o esserne distrutto, deve cercare di smussare i propri angoli, per adattarli e renderli "compatibili" con quelli degli altri. Perché, per quanto diversi, siamo, e dobbiamo riconoscere di essere, tutti eguali.

Che poi, per tornare al nostro punto di partenza, è esattamente ciò che la visione dei diritti umani contiene in sé, e ci vuol aiutare a comprendere. Con conseguenze che potrebbero essere importanti non solo sul piano teorico, ma anche su quello pratico. Come dimostra una situazione specifica: che, per concludere, appare opportuno esaminare.

Uno dei problemi piú complessi dell'attuale quadro politico internazionale è sicuramente quello che possiamo definire "delle minoranze nelle minoranze". Nel periodo successivo alla scomparsa del mondo bipolare, una serie di Stati si sono infatti sgretolati (dall'Urss alla Jugoslavia), per dar vita a entità politiche culturalmente ed etnicamente piú omogenee: ma solo per scoprire immediatamente, a loro volta, di contenere al proprio interno settori di popolazione che si richiamavano a "nazionalità", o identità collettive, diverse da quella ormai diventata maggioritaria: con il doppio risultato che il principio di autodeterminazione è stato negato nel momento stesso in cui veniva proclamato, e che il modo di manifestarsi di tale contraddizione è stato, spesso, il ricorso alla pratica della pulizia etnica.

Di fronte a simile stato di cose (che non riguarda solo l'Europa, ma è presente in tutti i continenti), che fare? Dar vita ad un processo di frammentazione senza fine, diretto a creare "Stati" sempre piú piccoli, e sempre piú precari, non appare né saggio né possibile. Ma neppure limitarsi semplicemente a proclamare la inapplicabilità del principio di autodeterminazione – come ormai è diventato di moda fare – può rappresentare una soluzione valida: perché lascerebbe irrisolte una serie di situazioni – si pensi, oltre che ai Balcani, ai paesi baltici: al cui interno si collocano, in una posizione giuridica a dir poco ambigua, minoranze russe di proporzioni molto vaste – potenzialmente esplosive.

Mentre in soccorso potrebbe venire proprio la concezione dei diritti umani. La quale, senza mettere in discussione l'esistenza degli Stati, potrebbe – per dirla con Foscolo – «temprare gli scettri ai regnator»: cioè indicare in tali criteri un limite preciso, e garantito, alla loro "sovranità", e porre quindi le basi, al loro interno, di una diversa forma di convivenza collettiva.

Conclusione

L'obiettivo che ci si era proposto nella pagina iniziale di questo saggio potrebbe essere considerato, a questo punto, raggiunto. È vero infatti, che molti problemi sono stati solo sfiorati, e che altri, anche importanti, sono stati, forse erroneamente, trascurati. Bene o male che sia, il compito di contrapporre una concezione diversa a quella oggi prevalente dei diritti umani, è stato però portato a termine.

Eppure, qualcosa rimane ancora da aggiungere. Prima di scrivere la parola fine, vi è infatti una domanda, molto semplice, alla quale appare necessario, se non dare una risposta, almeno dedicare qualche osservazione. E questa domanda è: che fare, come comportarsi, di fronte ad un genocidio?

La "retaliatio" e la giustizia

La definizione del genocidio che è stata data dalla Convenzione sulla sua prevenzione e repressione (che è del dicembre del 1949) definisce questo delitto come un insieme di atti «commessi con l'intenzione di distruggere, in tutto o in parte, un gruppo nazionale, etnico, razziale o religioso».

In pratica, tuttavia, tale termine è stato da tempo usato in maniera molto piú vasta, e specialmente molto piú erratica: collocando, cioè, sotto la stessa etichetta iniziative e situazioni tra loro quantitativamente e anche qualitativamente differenti. Col risultato che, affrontando questo tema, la prima esigenza sembra essere quella di una sua valutazione coerente e concordata. Non, ovviamente, perché ogni assassinio non sia riprovevole – e non debba suscitare una precisa condanna – ma solo per quella necessità di «esattezza del linguaggio», senza la quale, come dice Calvino, anche «le sfumature del pensiero»[1] sono destinate ad andare perdute. Per cui non ci si può porre seriamente la domanda – generale – di "cosa fare" con il genocidio se tale fenomeno viene di volta in volta definito nel modo piú occasionale: che poi, in pratica, significa nel modo piú "politicamente scorretto".

Né, a giustificare una simile "inesattezza", può servire il ricorso al criterio della indignazione. Infatti, anche a prescindere dal fatto che Spinoza, pur dando di tale emozione una definizione nobile («l'indignazione è odio verso qualcuno che ha fatto del male ad un altro»)[2], la colloca tra gli "affetti", che non dovrebbero influenzare un giusto comportamento umano, il punto di fondo è che, nella nostra società dominata – anche nel campo dei sentimenti – dal "consumo", il fenomeno a cui costantemente si assiste è quello della loro manipolazione: e quindi, nel nostro caso, al fenomeno di una "indignazione a comando". E il fatto che, in alcuni casi, ciò avvenga a causa delle pressioni dei pochi "grandi" e in altri a causa della agitazione dei molti "piccoli" non cambia la situazione di base: perché il risultato è sempre che ciò che indigna oggi non indigna domani, cosí come non ha indignato ieri; e che, mentre la morte di cento persone viene considerata "insopportabile", quella di centinaia di migliaia (come nel caso delle stragi in Africa centrale) può passare, di fatto, inosservata. Quasi che il solo fatto che una massa cosí grande di uomini donne e bambini siano stati uccisi li abbia trasformati, nell'immaginario collettivo, in puri numeri, in una entità senza personalità e senza volto.

E che dire, poi, di quello che Henry Shue ha giustamente chiamato «the Holocaust of neglect»[3], l'olocausto della noncuranza: cioè i milioni di esseri umani che ogni anno muoiono di fame? Certo, in questi casi, si può sostenere che tale atteggiamento di indifferenza deriva, in parte, dall'assenza di quell'elemento di criminale "sopraffazione" che è un aspetto fondamentale del sentimento di indignazione. Ma almeno una certa preoccupazione per questa folla di individui che ogni giorno perdono la vita per mancanza di cibo dovrebbe essere in qualche modo presente. E, inoltre, vi è davvero qualcuno che può ignorare quanto poco "naturale" è la "naturalezza" di questi eventi, vale a dire le responsabilità politiche e le speculazioni economiche che, quasi sempre, stanno alle loro spalle?

Proprio perché la vita dell'uomo è una cosa importante, e gli eccidi collettivi, per motivi apertamente o implicitamente razziali, sono una cosa orribile, un modo di procedere cosí contradditorio e scomposto, vale a dire questo continuo passaggio da situazioni di sovreccitazione falsamente etica ad altre di totale disattenzione, dovrebbe, insomma, essere accuratamente evitato. Perché altrimenti – condannando e punendo una volta, ed altre venti volte ignorando e perfino assolvendo – il messaggio che si manda non è piú quello della solidarietà e della giustizia, ma quello del cinismo e dell'arbitrio. O, se si preferisce, quello del declassamento della giustizia a vendetta.

A proposito della quale una breve precisazione può non essere superflua. Noi tutti, infatti, sappiamo che la legge del taglione, la latina *retaliatio*, il ripagare il male con un identico male, contiene in sé il primo germe di una giustizia penale[4]. Sappiamo però anche che, in quanto si tratta, appunto, solo di un "primo germe" – capace di dare appagamento al desiderio naturale di veder punito "un" colpevole – il suo destino, se non viene superato mano a mano che la civiltà etico-giuridica va affermandosi, è di produrre risultati inevitabilmente negativi. Come spiega Hegel, quando scrive: «L'annullamento del delitto, [nella] sfera dell'immediatezza del diritto, è principalmente *vendetta*, giusta, secondo il *contenuto*, in quanto è taglione. Ma, secondo la *forma*, è l'atto di una volontà *soggettiva*, che può porre, in ogni lesione avvenuta, la sua infinità [...] Per il fatto che è [...] azione positiva di una volontà *particolare*, [la vendetta quindi] diventa *una nuova lesione*: essa, in quanto tale contraddizione, decade nel progresso infinito e passa in eredità, di generazione in generazione, illimitatamente»[5].

Ed esattamente questo – di un susseguirsi di vendette e controvendette, in grado di svilupparsi ed autoalimentarsi senza fine – è il pericolo che oggi abbiamo di fronte. Pericolo che la soverchiante potenza degli Stati Uniti non appare in grado di scongiurare. E non solo perché, nei confronti di un simile meccanismo, una volta che si sia messo in moto, tutti sono, in qualche misura, impotenti. Ma anche perché sono proprio gli americani che, con una politica delle "taglie" ispirata alla tradizione dei *bounty killers* (si pensi solo all'ultimatum finanziario attraverso cui al governo di Belgrado è stato imposto l'arresto di Milošević), favoriscono il diffondersi di comportamenti che ben poco hanno a che vedere con la cultura giuridica occidentale.

La *international morality of nonintervention*, la moralità internazionale del non-intervento, di cui parlano da tempo alcuni giuristi[6], nasce quindi proprio dalla percezione dei rischi insiti in un simile orientamento. «Ciò che è giusto è qualcosa a cui noi cerchiamo di trovare non tante risposte ma una sola» ha scritto, ad esempio, John Vincent, «ed un aspetto di questa ricerca è l'attenzione che riserviamo al posto che i diritti umani devono avere nella politica mondiale [...] Ma se noi facciamo di tali criteri il fondamento di una *condotta* internazionale, e non semplicemente di una *critica* internazionale, non ci sarebbe una fine alle guerre di intervento». E conclude: «[L']accettazione del pluralismo nasce, quindi, non dalla soddisfazione morale per una società (internazionale) composta da Stati, o dalla ridicola convinzione che ogni Stato è altrettanto buono o cattivo di un altro, ma dalla preoccupazione per le conseguenze dannose di una impostazione diversa, basata sull'interventismo. Nella società di Stati come essa è oggi, un interventismo virtuoso si presenterebbe come imperialismo»[7].

Al pari di Cristo, che non sostiene l'innocenza della Maddalena, ma si limita a dire che solo qualcuno che sia davvero senza peccato potrebbe assumersi il compito di dare inizio alla sua lapidazione, la "moralità internazionale del non-intervento" invita gli Stati ed i governi a rivolgere lo sguardo innanzi tutto verso loro stessi, ed a valutare con grande attenzione le conseguenze delle loro azioni, prima di ergersi a giudici, inappellabili e cruenti, di chi pure, indubbiamente, ha commesso un crimine.

Il genocidio e il "modello Antigone"

Quanto è stato fin qui detto sull'abuso che spesso viene fatto del concetto di genocidio e sui pericoli che ne derivano, non ha tuttavia ancora fornito una risposta alla domanda che, all'inizio di questa «Conclusione», ci siamo posti. La realtà infatti è che, anche se è certo che molte cose che sono meno di un genocidio vengono da tempo arbitrariamente collocate sotto tale etichetta, nulla esclude che eventi che abbiano effettivamente questa inaudita qualità criminale possano prodursi: perché vi sono stati, e quindi possono tornare a ripetersi. E, allora, nei loro confronti, che fare?

Come tutte le domande che ruotano intorno ad una situazione-limite, anche questa non può avere una risposta del tutto soddisfacente. Quello che possiamo indicare con precisione è, infatti, ciò che non si può e non si deve fare: vale a dire disinteressarsi di un simile problema, oppure trincerarsi dietro le frasi fatte che, ricordando come tragedie di questo tipo siano sempre accadute e sicuramente seguiteranno ad accadere, ci invitano a chiudere gli occhi e pensare ad altro. Una volta escluso un simile atteggiamento passivo, è però impossibile, sulla base di una considerazione astratta, dire se – dopo aver accertato che ci si trova di fronte, non ad uno dei tanti crimini di massa che costantemente costellano la scena internazionale, ma, appunto, ad un vero genocidio, cioè ad effettivo *monstrum* – è piú giusto che il nostro atteggiamento assuma il carattere di una condanna etica, e quindi di una pressione politica, o quello di un intervento concreto di carattere economico, o anche militare. La scelta dell'una strada o dell'altra è infatti strettamente legata alla valutazione delle circostanze, cioè dei mezzi che, nel contesto dato, si possono dimostrare al tempo stesso piú efficaci e meno pericolosi.

Quello che però è certo è che tale scelta non può avere altro che una natura strettamente personale: deve cioè riguardare direttamente i singoli Stati (o gruppi di Stati) o addirittura i singoli uomini. Nel senso che, di fronte ad un evento di questa portata e di questa complessità, è il singolo soggetto a dover scegliere per sé, sulla base della propria coscienza, ed assumendosi in pieno la responsabilità delle proprie azioni. In altre parole, a dover seguire l'esempio di Antigone: quando, per dare sepoltura al corpo del proprio fratello Polinice – cosí come le impone quella che essa considera una superiore "legge non scritta" – decide di disobbedire alla "legge scritta", e si dichiara pronta ad accettarne le conseguenze.

Mentre quello che invece non si può assolutamente fare è di pretendere – annullando tale dicotomia eterna: tra la legge che ci indica la nostra comunità e quella che troviamo nella nostra coscienza – di "regolamentare" un simile comportamento. Infatti, come scrive Oscar Schachter, «lo Stato o il gruppo di Stati che decide di usare la forza per porre fine a delle atrocità, nel caso che la necessità di tale azione sia evidente e la sua ispirazione umanitaria sia chiara, può ritenere probabile di essere perdonato. Ma io penso che sia altamente indesiderabile stabilire una nuova regola che permetta gli interventi umanitari, perché essa fornirebbe il pretesto per interventi abusivi. Quindi sarebbe meglio accondiscendere [in inglese il verbo è *acquiesce*] ad una violazione che, in quelle determinate circostanze, è considerata necessaria e desiderabile, piuttosto che adottare un principio che aprirebbe un ampio varco nella barriera contro l'uso unilaterale della forza»[8].

Di fronte alle crudeltà, sempre piú numerose e sempre piú efferate, che costellano la nostra vita collettiva, l'unico orientamento giusto appare, insomma, quello di un richiamo alla responsabilità individuale, degli Stati e anche dei singoli uomini. Chi crede che la situazione che ha di fronte abbia davvero le caratteristiche di un genocidio, chi si ritiene sicuro della natura realmente disinteressata delle proprie motivazioni, chi, infine, è giunto alla – difficile – conclusione che, come singolo attore, può ritenersi autorizzato a dividere i "sommersi" dai "salvati", cioè a decidere che, per aiutare e proteggere certe persone, altre – che non sono colpevoli – possono essere sacrificate, lo faccia pure, e cerchi di giustificare a se stesso e alla coscienza collettiva la propria scelta. Ma non pretenda di agire in tal modo nel nome di una legge, di un criterio giuridico, di cui lui stesso sia, contemporaneamente, l'interprete e l'esecutore. Perché, se tale impostazione fosse adottata, se i diritti umani fossero trasformati in un principio operativo che permettesse anche di uccidere chi personalmente non li ha violati, si aprirebbe – come dice Schachter – un "varco" di cui ognuno, in ogni momento, potrebbe, senza limiti, approfittare.

Detto con altre parole, la realtà umana non consente di fissare una regola per ogni situazione o avvenimento: perché essa si presenta in forme tali che nessuna legge può riuscire ad inquadrarla nella sua totalità. Al di là delle leggi, insomma, rimane sempre una "zona d'ombra": nella quale – appunto come nel caso di Antigone – ciascuno, individuo o Stato che sia, viene posto da solo, a decidere sulla base della propria coscienza: e l'ipotesi di un genocidio rientra, in modo esemplare, in questa categoria. Agire, con tutti i mezzi necessari, in una circostanza di questo tipo può essere quindi considerato, non solo giusto, ma doveroso: non solo un diritto, ma un dovere. Pretendere di affrontare una simile situazione richiamandosi ad una "legge" è tuttavia, oltre che impossibile, anche sbagliato, perché immensamente pericoloso. Visto che, agendo in questo modo, si pongono nelle mani dei piú forti (o, peggio ancora, dell'unico piú forte) tali possibilità di sopraffazione da togliere alla convivenza collettiva ogni prospettiva di equilibrio, e di ragionevole giustizia.

In tutti i casi, qualunque sia la conclusione a cui si voglia arrivare su questo tema, è tuttavia un altro punto che, al momento di concludere, appare importante sottolineare: e cioè che il richiamo a queste situazioni di massima crisi non può esaurire in sé il dibattito sulla concezione ideale dei diritti umani. Nata come risposta spontanea della coscienza collettiva allo sviluppo di un mondo sempre piú ristretto ed unificato, il quale non può sperare di trovare un ordine, o anche solo un minimo di stabilità e di giustizia, unicamente attraverso gli incontri e le intese dei "grandi" (come dimostra l'esperienza dei G8), essa ha infatti la funzione di indicare una serie di princípi universali ed imparziali capaci di servire come guida e come punto di riferimento per la – lenta – formazione di una società sovranazionale. Declassarli ad una semplice lista di criteri punitivi, fatalmente esposti a tutte le controversie ed a tutti gli arbítri, non può significare altro che fraintenderli e adulterarli.

Note

I. La lunga marcia dei diritti umani

1 «Posto che avere diritti naturali era intrinsecamente legato all'essere un essere umano, vi era una base per la successiva transizione dalla fraseologia dei diritti naturali a quella dei diritti umani», scrive David Sidorsky, *Essays on Human Rights*, in *International Human Rights in Context*, a cura di Henry J. Steiner e Philip Alston, Oxford, Clarendon Press, 1996, p. 171. Vedi anche Vittorio Frosini, *Teoria e tecnica dei diritti umani*, Napoli, Edizioni scientifiche italiane, 1995, pp. 28-30, e Jacques Maritain, *L'uomo e lo Stato*, Milano, Pubblicazioni della Università Cattolica, 1954, p. 95.

2 Alessandro Passerin d'Entrèves, *La dottrina del diritto naturale*, Milano, Edizioni di Comunità, 1962, p. 23.

3 Ernst Cassirer, *La filosofia dell'Illuminismo*, Firenze, La Nuova Italia, 1977, p. 333.

4 A. Passerin d'Entrèves, *La dottrina del diritto naturale*, cit., p. 25.

5 «La attuale funzione della dottrina dei diritti umani, al contrario di quanto avveniva con i diritti naturali, non è essenzialmente quella di servire come principio di legittimazione all'interno di un determinato Stato nazionale. Essa è diventata piuttosto un aspetto dello sforzo di sviluppare princípi diretti ad imporre i diritti dei cittadini all'interno di una comunità internazionale. Rimane tuttavia importante riconoscere il rapporto di continuità tra la teoria dei diritti naturali e le piú recenti formulazioni», D. Sidorsky, *Essays on Human Rights*, cit., p. 171. Vedi anche Hannah Arendt, *Le origini del totalitarismo*, Milano, Edizioni di Comunità, 1996, p. 406.

6 *Statement on Human Rights*, American Anthropological Association, cit. in *International Human Rights in Context*, cit., p. 200.

7 Michael Walzer, *Guerre giuste e ingiuste*, Napoli, Liguori, 1990, p. 387.

8 Hedley Bull, *The Anarchical Society*, London, Macmillan, 1977, p. 152.

9 Hans J. Morgenthau, *Politica tra le nazioni*, Bologna, Il Mulino, 1997, pp. 45-54.

10 George Kennan, «Morality and Foreign Policy», in *Foreign Affairs*, inverno 1985-86, p. 206. Kenneth Waltz, *Teoria della politica internazionale*, Bologna, Il Mulino, 1987, p. 223.

11 Reinhold Niebuhr, *Uomo morale e società immorale*, Milano, Jaca Book, 1960.

12 Friedrich Meinecke, *L'idea dalla ragion di Stato nella storia moderna*, Firenze, Sansoni, 1977, p. 444.

13 K. Waltz, *Teoria della politica internazionale*, cit., pp. 209, 213.

14 M. Walzer, *Guerre giuste e ingiuste*, cit., pp. 244-245 (corsivi aggiunti).

15 Blaise Pascal, *Pensieri*, Torino, Einaudi, 1962, p. 141.

16 John R. Vincent mette in luce in modo molto brillante questa tensione dicendo che «diritti umani e politica estera hanno due collegi elettorali diversi»: perché «la società dell'umanità si oppone al club degli Stati». *Human Rights and International Relations*, Cambridge, Cambridge University Press, 1986, p. 129

17 Ivi, pp. 130, 132.

18 Leo Gross, *The Peace of Westphalia, 1648-1948*, cit. in *International Human Rights in Context*, cit., p. 151. Vedi anche Martti Koskenniemi, «The Politics of International Law», in *European Journal of International Law*, vol. 1, n. 1, p. 6.

19 H. Bull, *The Anarchical Society*, cit., pp. 139-140; H. Morgenthau, *Politica tra le nazioni*, cit., pp. 362-363.

20 J. Vincent, *Human Rights and International Relations*, cit., pp. 134-135.

21 Ivi, p. 143.

22 Dopo aver chiarito che «sovrano è chi decide sul caso di eccezione» (p. 33), in quanto «egli decide tanto sul fatto se esista il caso estremo di emergenza, quanto sul fatto di cosa si debba fare per superarlo» (p. 34), Schmitt arriva alla conclusione che «una filosofia della vita concreta non può ritirarsi davanti all'eccezione e al caso estremo, anzi deve interessarsi ad esso al piú alto grado», perché «nell'eccezione, la forza della vita reale rompe la crosta di una meccanica irrigidita nella ripetizione» (p. 41). *Le categorie del politico*, Bologna, Il Mulino, 1972.

23 H. Bull, *The Anarchical Society*, cit., p. 84.

24 Giuseppe Capograssi, *La Dichiarazione Universale dei Diritti dell'uomo e il suo significato*, in *Opere*, vol. V, Milano, Giuffrè, 1959, p. 39.

25 Norberto Bobbio, «Diritto dell'uomo e società», in *L'età dei diritti*, Torino, Einaudi, 1992, pp. 80-81. G. Kennan, «Morality and Foreign Policy», cit., p. 207.

26 Antonio Cassese, *I diritti umani nel mondo contemporaneo*, Roma-Bari, Laterza, 1988, p. 29.

27 Intervento di Abdullahi An Na'im, in *Proceedings of the 87th Meeting*, Chicago April 1994, American Society of International Law, p. 422.

28 Benedetto Croce, *Dei diritti umani* (1949), Archetipografia di Milano, s.d.

29 Nel suo contributo a questa ricerca, Benedetto Croce, dopo aver notato l'impossibilità, data la presenza di posizioni fortemente discordanti, di «enunciare in forma di dichiarazione di diritti, cioè di unità di azione politica, *l'accordo che manca*», aggiunge: «Io non vedo come si possa neppure

formulare una dichiarazione intermedia e conciliativa che non si dimostri vuota o arbitraria. Può darsi che Lor Signori, quando si metteranno a tale fatica, ne toccheranno con mano la vacuità e l'impossibilità, e anche (mi scusi la franchezza) il pericolo di suscitare nei lettori un sorriso per la candidezza di coloro che l'avranno pensata e scritta» (ivi, pp. 134-135). Del pericolo che senza la collocazione in un preciso contesto etico e giuridico, la Dichiarazione del 1948 possa presentarsi come «una serie di tautologie o ripetizione di vecchie e logore formule» parla G. Capograssi, *La Dichiarazione universale*, cit., p. 41.

30 Intervento di Louis Henkin, in *Proceedings of the 87th Meeting*, cit., p. 424.

31 Questo "diritto" è sancito dalla Dichiarazione universale all'articolo 28.

32 In questo modo (che fa riferimento al nome di Helmut Sonnenfeld, cioè del piú stretto collaboratore di Henry Kissinger nel suo periodo come presidente del Security Council e segretario di Stato: 1969-1975) si è a lungo indicata l'impostazione degli Stati Uniti contraria ad ogni forma di destabilizzazione del controllo sovietico sull'Europa orientale. E che tale orientamento non sia stato temporaneo, ma abbia costituito, al contrario, una costante della politica estera americana di quel periodo lo si può ricavare dal fatto che, ancora quasi venti anni dopo, nel corso di un incontro tra specialisti americani e sovietici (svoltosi in Virginia dal 6 all'8 luglio del 1988), Zbigniew Brzezinski, di fronte alle tensioni crescenti all'interno del sistema comunista, che poco piú di un anno dopo dovevano portare al suo crollo, affermava che «le attuali tendenze presenti in Europa orientale» (che configurano «una classica situazione pre-rivoluzionaria») sono «potenzialmente pericolose per la stabilità della relazioni Est-Ovest», e perentoriamente concludeva «una esplosione rivoluzionaria non è nell'interesse di nessuno. Una simile esplosione avrebbe effetti oltremodo negativi sulle relazioni americano-sovietiche. Ma avrebbe un impatto molto negativo anche sui rapporti Est-Ovest in Europa» (*Problems of Communism*, maggio-agosto 1988, p. 69).

33 *International Human Right in Context*, cit., p. 358.

34 Ivi, p. 502.

35 Ivi, p. 386.

36 Ivi, p. 402.

37 Ivi, p. 522.

38 Ivi, p. 505.

39 Ivi, pp. 506, 559.

40 Ivi, p. 537.

41 Ivi, p. 502.

42 Ivi, p. 506.

43 Ivi, pp. 430-431.

44 Ivi, pp. 502-503.

45 Intervento di Anne Bayefsky, in *Proceedings of the 87th Meeting*, cit., p. 429.

46 Philip Alston, *Appraising the United Nations Human Rights Regime*, in *International Human Rights in Context*, cit., p. 375.

47 *International Human Rights in Context*, cit., p. 554.

48 Andrés Ollero Tassara, *Diritto "positivo" e diritti umani*, Torino, Giappichelli, 1998, p. 94.

49 Jack Donnelly, *Universal Human Rights in Theory and Practice*, Ithaca and London, Cornell University Press, 1989, pp. 262-263, 267. Per una difesa del criterio dei due pesi e due misure, si veda, invece, Rein Müllerson, *Human Rights Diplomacy*, London, Routledge, 1997, in particolare pp. 120-121.

50 *The Economist*, 4 febbraio 1995, p. 24.

51 J. Maritain, *L'uomo e lo Stato*, cit., p. 230.

52 Tzvetan Todorov, *La conquista dell'America*, Torino, Einaudi, 1982, p. 8.

53 Paul Valéry, *Regards sur le mond actuel*, Gallimard, Paris, 1945, p. 24.

II. Il fondamento e l'universalità dei diritti umani

1 Norberto Bobbio, «Sul fondamento dei diritti dell'uomo», in *L'età dei diritti*, cit., p. 8.

2 Ivi, p. 6.

3 Ivi, p. 9.

4 Ivi, p. 10.

5 Ivi, pp. 11-12.

6 Ivi, p. 11.

7 Immanuel Kant, *Per la pace perpetua. Progetto filosofico*, in *Antologia degli scritti politici*, a cura di Gennaro Sasso, Bologna, Il Mulino, 1961, p. 128.

8 J. Maritain, *L'uomo e lo Stato*, cit., p. 230.

9 Ivi, p. 90.

10 Karl Jaspers, *Origine e senso della storia*, Milano, Edizioni di Comunità, 1972, pp. 315-316.

11 Jürgen Habermas, *L'inclusione dell'altro*, Milano, Feltrinelli, 1998, p. 223.

12 Jürgen Habermas, «Legittimazione in forza dei diritti umani», in *Fenomenologia e Società*, n. 2, 1997, p. 8. Con ogni probabilità questo saggio, che è il testo di una relazione che Habermas ha presentato nel corso di un incontro tenutosi tra il 30 novembre e il 1° dicembre 1996 all'Istituto filosofico Aloisianum di Gallarate, è una versione leggermente abbreviata del capitolo che, sostanzialmente con lo stesso titolo («Legittimazione tramite diritti umani») è contenuto nel volume citato alla nota precedente, pubblicato in Germania nel 1996. Poiché tra i due testi vi sono alcune differenze di esposizione, si è ritenuto utile far riferimento ad entrambi.

13 Jürgen Habermas, *La costellazione postnazionale*, Milano, Feltrinelli, 1999, p. 98.

14 Ivi, p. 95.

15 *Ibid.*

16 Ivi, p. 90.

17 Jürgen Habermas, *Dopo l'utopia*, Venezia, Marsilio, 1992, p. 20.

18 J. Habermas, *L'inclusione dell'altro*, cit., p. 222

19 J. Habermas, «Legittimazione in forza dei diritti umani», cit., p. 8.

20 *Ibid.*

[21] In alcuni momenti Habermas sembra rendersi conto della unilateralità di tale impostazione e scrive che «si tratta [...] di trovare una interpretazione dei diritti umani che sappia rendere conto del mondo moderno *anche nella prospettiva di altre culture*» (*L'inclusione dell'altro*, cit., p. 224). Ma queste osservazioni hanno carattere marginale. Infatti, se non la avessero, Habermas sarebbe stato spinto ad abbandonare la sua tesi di un fondamento solo "funzionale" dei diritti umani, ed accettare quella di un fondamento consensuale.

[22] Samuel Huntington, *The Clash of Civilization and the Remaking of World Order*, London, Touchstone Books, 1998, pp. 107-109.

[23] J. Habermas, «Legittimazione in forza dei diritti umani», cit., p. 10.

[24] J. Habermas, *L'inclusione dell'altro*, cit., p. 221.

[25] N. Bobbio, «Diritti dell'uomo e società», cit., p. 81.

[26] Raimundo Panikkar, «La notion des droit de l'homme est-elle un concept occidental?», in *Diogène*, n. 120, ottobre-dicembre 1982, p. 88.

[27] Ivi, p. 94. Vedi anche A. An Na'im, intervento in *Proceedings of the 87th Meeting*, cit., p. 423.

[28] Hannah Arendt, *Le origini del totalitarismo* (cit. in Hans Magnus Enzensberger, *Prospettive sulla guerra civile*, Torino, Einaudi, 1994, pp. 19-20).

[29] K. Waltz, *Teoria della politica internazionale*, cit., p. 259.

[30] Fernand Braudel, *Identité de la France*, tomo I, p. 73 (cit. in Serge Latouche, *L'occidentalisation du monde*, Paris, La Découverte, 1989, p. 50).

[31] Luca Cavalli Sforza, *Geni, popoli, lingue*, Milano, Adelphi, 1996, p. 65.

[32] Il concetto di mentalità e di "sensibilità collettiva" è stato sviluppato dalla scuola delle *Annales*, a partire da Lucien Febvre, che lo definisce come «la vita affettiva di una data epoca», capace di «collegare a tutto il complesso delle condizioni di esistenza [di un determinato] tempo, il senso che gli uomini da[nno] alle loro idee» («La sensibilità e la storia», in Lucien Febvre, *Problemi di metodo storico*, Torino, Einaudi, 1976, p. 33), fino a Jacques Le Goff, che lo presenta come «la tonalità collettiva dello psichismo, il modo particolare di pensare e di sentire di un popolo, di un certo gruppo di persone» («La mentalità: una storia ambigua», in Jacques Le Goff e Pierre Nora [a cura di], *Fare storia*, Torino, Einaudi, 1974, p. 246).

[33] *Dei diritti umani*, cit., pp. 25-26.

[34] Henry C. Triandis, *Cross-Cultural Studies of Individualism and Collectivism*, Nebraska Symposium on Motivation 1989, p. 45. Al tempo stesso non bisogna sopravvalutare queste contrapposizioni. Se infatti nella «Carta dei diritti degli uomini e dei popoli», approvata a Banjul dai capi di Stato e di governo africani nel 1981, si legge che la dignità di una persona è strettamente legata al suo inserimento in una comunità, è bene tener presente che anche nella nostra cultura, a dispetto del suo preteso "individualismo", il "riconoscimento" da parte della propria società rappresenta, per un individuo, un bene essenziale.

[35] Ivi, p. 97.

[36] Albert Memmi, *Il razzismo*, Genova, Costa & Nolan, 1989, p. 36 (cit. in Paolo Morozzo Della Rocca, «Alterità nazionale e diritto alla differenza», in *Rivista critica del diritto privato*, 1, X, p. 71).

[37] Giovanni Sartori, *The Theory of Democracy Revisited*, New Jersey, Chatham House Publishers, 1987, p. 285.

[38] Cit. in Tamar Pitch, «Antropologia dei diritti umani», in *I diritti nascosti*, a cura di Alberto Giasanti e Guido Maggioni, Milano, Cortina, 1995, p. 182.

[39] Un ampio esame dei vari aspetti di questo problema si trova in *International Human Rights in Context*, cit., pp. 240-255. Vedi anche P. Morozzo Della Rocca, «Alterità nazionale», cit., pp. 93 sgg. Molto interessante, inoltre, è l'intervista rilasciata a *Repubblica* (12 febbraio 2000, p. 13) dal professor Aldo Morrone, responsabile del servizio di medicina preventiva dell'ospedale San Gallicano, nella quale possiamo leggere: «A nostro parere non è sufficiente fare una legge contro la infibulazione ma è necessario che si crei una cultura del corpo, di un nuovo modo di entrare nella comunità che non sia quello della mutilazione genitale femminile. La criminalizzazione della infibulazione sarebbe l'errore piú grave, perché porterebbe ad un [suo] mercato clandestino».

[40] Oscar Schachter, «Human Dignity as a Normative Concept», in *American Journal of International Law*, 77, ottobre 1983, pp. 850-851. La stessa impostazione si trova al centro della «Carta dei diritti degli uomini e dei popoli» approvata a Banjul nel 1981.

[41] L. Henkin, intervento in *Proceedings of the 87th Meeting*, cit., p. 425.

[42] Charles Taylor, «A World Consensus on Human Rights?», in *Dissent*, estate 1996, p. 17.

[43] Charles Dickens, *Racconto di due città*, Milano, Mondadori, 1987, pp. 68-69.

[44] R. Panikkar, *La notion*, cit., p. 111.

[45] J. Donnelly, *The Concept of Human Rights*, London-Sidney, Croom Helm, 1985, p. 32.

[46] *International Human Rights*, cit., pp. 248-249.

[47] Abdullahi An Na'im, intervento in *Proceedings of the 87th Meeting*, cit., pp. 423-424.

[48] *International Human Rights*, cit., p. 230.

[49] J. Habermas, *L'inclusione dell'altro*, cit., p. 232.

[50] L'indicazione della "opinione pubblica" come una entità indefinibile, e quindi come un "fantasma", è contenuta in molti degli scritti di Walter Lippmann: in particolare in *Public Opinion*, New York, MacMillan, 1922, e *The Phantom Public*, New York, Harcourt Brace, 1925.

[51] Citato in H. Arendt, *Le origini del totalitarismo*, cit., p. 414.

III. L'attuazione dei diritti umani: lo sviluppo del diritto di ingerenza

[1] Adam Roberts, «Humanitarian war: military intervention and human rights», in *International Affairs*, 69, 3 (1993), pp. 436-437.

[2] J. Habermas, *L'inclusione dell'altro*, cit., p. 195. Vedi anche A. Roberts, «Humanitarian war», cit., p. 438.

3 A. Roberts, «Humanitarian war», cit., p. 437. Anche L. Henkin, *Human Rights in Context*, cit., p. 825.

4 Chantal Carpentier, «La Résolution 688 (1991) du Conseil de Sécurité: quel devoirs de ingérence?», in *Revue de Etudes internationales*, volume XXIII, n. 2, giugno 1992, pp. 280-286.

5 A. Roberts, «Humanitarian war», cit., pp. 438-439.

6 Ivi, p. 439.

7 Ivi, p. 440.

8 Ivi, p. 441.

9 Richard Falk, *Law in an Emerging Global Village*, Ardsley, New York, Transnational Publishers, 1998, p. 65.

10 J.R. Vincent, *Human Rights and International Relations*, cit., p. 128.

11 Chi difende questa tesi con forza, e con argomenti tutt'altro che irrilevanti, è Mohammed Bedjaoui, in *Human Rights in Context*, cit., pp. 1117-1121. Ma anche alcuni giuristi occidentali, come Philip Alston e Gerard Quinn, fanno notare che almeno tre articoli del Covenant sui diritti economici e sociali (Icescr) potrebbero essere interpretati nel senso dell'esistenza di obbligo di assistenza economica da parte dei paesi piú ricchi – specie quelli con un passato coloniale – nei confronti dei piú poveri (*Human Rights in Context*, cit., pp. 1133-1134).

12 Charles Taylor, «A World Consensus on Human Rights», cit., p. 20.

13 Un'ottima esposizione dei successivi massacri dei pellirosse è, ancora oggi, Dee Brown, *Bury My Heart at Wounded Knee*, New York, Bantam 1972. Interessante inoltre è che, nel settembre del 2000, l'Ufficio del governo americano per gli Affari indiani abbia ufficialmente riconosciuto questo fenomeno, definendolo "pulizia etnica" (*Il Sole-24 Ore*, 10 settembre 2000, p. 39).

14 Il termine "genocidio culturale" è di Jean-Paul Sartre, ed appare in una descrizione della quale è utile riportare un breve brano: «Nel secolo scorso la Francia, dopo aver conquistato l'Algeria con grande spargimento di sangue, impose a questa società tribale – nella quale ogni comunità possedeva la terra in comune – l'uso del Codice civile, che sancisce la norma sulla proprietà borghese e la divisione delle eredità. La Francia distrusse sistematicamente le infrastrutture economiche della nazione e la terra passò rapidamente dalle tribú contadine alle mani dei mercanti venuti dalla Francia. In realtà, la colonizzazione non è una semplice conquista, come l'annessione dell'Alsazia-Lorena da parte della Germania nel 1870, ma costituisce necessariamente un genocidio culturale, perché non può avvenire senza la sistematica liquidazione delle caratteristiche tipiche della società indigena, mentre si rifiutano ai membri di questa società l'integrazione nella madrepatria e i benefici di una simile integrazione [...] Ne consegue [...] che i popoli sotto il dominio coloniale perdono la loro identità nazionale, la loro cultura, i loro usi, spesso anche la loro lingua, e vivono in miseria, come ombre cui tutto sembra ricordare incessantemente la loro "subumanità"» (cit. in Antonio Cassese, *Il diritto internazionale nel mondo contemporaneo*, Bologna, Il Mulino, 1984, p. 51). Sempre per quanto riguarda l'Algeria, importanti sono le ammissioni fatte alla fine del 2000

dal generale Jacques Massu, riguardanti l'uso "generalizzato" della tortura e delle esecuzioni sommarie, da parte dell'esercito francese nella fase finale dello scontro con il Fronte di liberazione nazionale (*La Repubblica*, 23 novembre 2000, p. 19).

15 La tesi che, presi nel loro insieme, la Dichiarazione universale del 1948 e i successivi *Human Rights Covenants* debbano essere considerati «un disegno di legge [*bill*] internazionale su diritti umani [che ne] fornisce una lista ampiamente accettata» è sostenuta con particolare vigore da Jack Donnelly, *Universal Human Rights in Theory and Practice*, Ithaca and London, Cornell University Press, 1989, pp. 23 sgg.

16 Tra le tante dichiarazioni in questo senso, vale la pena di citare – perché particolarmente esplicita – questa di Habermas: «Indipendentemente dallo sfondo culturale, tutti i coinvolti sanno bene, al livello intuitivo, che un consenso, frutto di convinzioni, non risulta possibile se, tra i partecipanti alla comunicazione, non sussistono rapporti simmetrici – consistenti nel reciproco riconoscimento, nella reciproca assunzione dell'altrui prospettiva, nella ipotesi di una comune disponibilità a guardare alle proprie tradizioni con gli occhi di un estraneo, a *imparare* dagli altri e cosí via» («Legittimazione in forza dei diritti umani», cit., p. 13).

17 Philip Allott, *Human Rights in Context*, cit., p. 454.

18 *Human Rights in Context*, cit., p. 219

19 «Une Ong isrealienne dénonce la géneralisation de la torture à l'encontre des détenues palestiniens», in *Le Monde*, 21 maggio 1998.

20 Vittorio Zucconi, «Metti il detenuto su Internet», in *La Repubblica*, 26 agosto 2000, pp. 1, 13.

21 *The Economist*, 28 novembre 1998, pp. 59-60.

22 J. Habermas, *L'inclusione dell'altro*, cit., p. 197.

23 Anne Bayefsky, cit. nell'intervento di Abdullahi An Na'im, in *Proceedings of the 87th meeting*, cit., p. 435.

24 *Human Rights in Context*, cit., p. 250.

25 Carl Schmitt, *Le categorie del politico*, cit., p. 39.

26 Sulla inevitabile gradualità e lentezza del processo di sviluppo di un sistema internazionale ispirato ai diritti umani insiste un documento di nobile ispirazione, anche se fatalmente astratto, quale è *Our Global Neighborhood, The Report of the Commission on Global Governance*, Oxford University Press, 1995, pp. XVI-XVII e *passim*.

27 Hans Kelsen, *Peace through Law*, Chapel Hill, The University of North Carolina Press, p. 14.

28 I. Kant, *Per la pace perpetua*, cit., p. 119.

29 Ivi, p. 114.

30 H. Kelsen, *Peace through Law*, cit., p. 30.

31 Ivi, p. 7.

32 Ivi, p. 35.

33 Ivi, p. 48.

34 Ivi, p. 19.

35 Ivi, p. 54.

36 Ivi, p. 3.

37 Giorgio Del Vecchio, «Il fenomeno della guerra e l'idea della pace», in *Studi sulla guerra e la pace*, Milano, Giuffrè, 1959, pp. 69-70.

38 Ivi, p. 138.

39 Ivi, p. 129.

40 «L'equità [...] segna la tappa finale di concretizzazione delle norme», Andrés Ollero Tassara, *Diritto "positivo" e diritti umani*, cit., p. 113; «L'idea della equità [*fairness*] è che la punizione debba andare in modo eguale a coloro che egualmente la *meritano*», M.T. Scanlon, «Punishment and the Rule of Law», in *Deliberative Democracy and Human Rights*, New Haven and London, Yale University Press, 1999, p. 262.

41 Danilo Zolo, *Chi dice umanità. Guerra, diritto e ordine globale*, Torino, Einaudi, 2000, p. 153.

42 Ivi, pp. 138-139, 142, 148-149.

43 Questo calcolo è dello Human Rights Watch (*New Figures of Civilian Deaths in Kosovo*, Washington 7 February 2000, Summary, p. 4).

44 «Final Report to the Prosecutor by the Committee Established to Review the Nato Bombing Campaign Against the Federal Republic of Yugoslavia», p. 27.

45 David Owen, *Human Rights*, New York, Norton, 1978, p. 2 (cit. in Arthur M. Schlesinger jr, *The Cycles of American History*, Boston, Houghton Mifflin, 1986, p. 98).

46 Michael Walzer, *Guerre giuste e ingiuste*, cit., p. 389.

47 Giorgio Del Vecchio, *Il fenomeno della guerra*, cit., p. 39.

48 Carl Schmitt, *Le categorie del politico*, cit., p. 137.

49 H. Morgenthau, *La politica tra le nazioni*, cit., p. 56.

50 «Perfino il piú crudele torturatore» conserva i diritti umani, sostiene Jack Donnelly (*International Human Rights. Dilemmas in World Politics*, Boulder, Westview Press, 1998, p. 18).

51 Osservazioni molto pertinenti su questo tema sono fatte da Danilo Zolo, *Chi dice umanità*, cit., pp. 114-116.

52 «In tutta la creazione, tutto ciò che si vuole, e su cui si ha qualche potere, può essere adoperato anche semplicemente come mezzo; soltanto l'uomo, e con esso ogni creatura razionale, è fine a se stesso», I. Kant, *Critica della ragion pratica*, Bari, Laterza, 1971, p. 104.

53 A. Ollero Tassara, *Diritto "positivo" e diritti umani*, cit., p. 124.

54 L'uso delle bombe a frammentazione e di quelle ad uranio impoverito è stato ammesso dalle stesse fonti Nato (Human Rights Watch, *New Figures*, cit., pp. 7-8). Una ampia documentazione sull'uso di queste armi si trova in Danilo Zolo, *Chi dice umanità*, cit., pp. 145-146, 166-167.

55 Antonio Cassese, «Se il massacro finisce in tribunale», in *L'ultima crociata*, Roma, I Libri di Reset, 1999, p. 49. J. Habermas, «Umanità e bestialità: una guerra ai confini tra diritto e morale», ivi, p. 74.

56 Un dovere imperfetto, scrive Michael Walzer, è «un dovere che non si può attribuire a nessun agente particolare. Qualcuno dovrebbe agire, ma nessun singolo agente o gruppo di agenti, nessuno Stato e nessuna alleanza regionale di Stati sono obbligati a farlo», in *L'ultima crociata*, cit., p. 54.

1 Richard Falk, *Human Rights and State Sovereignty*, New York, Holmes and Meier, 1981, p. 4.
2 Ivi, p. 5.
3 Ivi, p. 4.
4 *Ibid.*
5 *International Herald Tribune*, 11-12 settembre 1999, p. 6.
6 *La Repubblica*, 22 settembre 1999, p. 19.
7 *International Herald Tribune*, 11-12 settembre 1999, p. 6.
8 A quanto racconta Primo Levi, nella nota posta alla fine del suo libro che ha piú o meno questo titolo (Levi ha tolto la «e» iniziale), queste parole, pronunciate dal Rabbino Hillel, si trovano nel *Pirké Avoth* (Le massime dei Padri), una raccolta di detti di rabbini famosi, redatta nel II secolo, ed inclusa nel Talmud.
9 R. Falk, *Human Rights*, cit., p. 195.
10 G.W.F. Hegel, *Lineamenti di filosofia del diritto*, Bari, Laterza, 1954, con note tradotte da A. Plebe, p. 514.
11 J. Donnelly, *Universal Human Rights in Theory and Practice*, cit., p. 25.
12 Ivi, p. 122.
13 I. Kant, *Per la pace perpetua*, cit., p. 128.
14 Ivi, p. 121.
15 I. Kant, *Critica della ragion pratica*, cit., p. 38.
16 Ivi, p. 95.
17 Rein Müllerson, *Human Rights Diplomacy*, London, Routledge, 1997, p. 180.
18 J. Habermas, *L'inclusione dell'altro*, cit., p. 190.
19 Ivi, p. 222.
20 Ivi, p. 214.
21 Ivi, p. 213.
22 Ivi, p. 206.
23 J. Habermas, «Umanità e bestialità», cit., p. 83.
24 Ivi, p. 85.
25 I. Kant, *Sopra il detto comune «questo può essere giusto in teoria ma non vale per la pratica»*, in *Antologia degli scritti politici*, cit., p. 79.
26 Su questo tema, vedi il mio *Il mito della politica*, Bologna, Il Mulino, 1993, pp. 51-54.
27 J. Habermas, *L'inclusione dell'altro*, cit., p. 214.
28 Alessandro Pizzorno, «Caro Habermas, l'autoinvestitura della Nato non basta», in *L'ultima crociata*, cit., pp. 91, 99.
29 J. Habermas, «Umanità e bestialità», cit., p. 81.
30 Su tutte le implicazioni di tale tema si veda la argomentata valutazione di Danilo Zolo, *Chi dice umanità*, cit., in particolare pp. 3-75 e 169-209.
31 La definizione è di Georges Steiner, citato da Alessandro Pizzorno, «Habermas, L'autoinvestitura della Nato non basta», cit., p. 92.
32 Ulrich Beck, «Il soldato Ryan e l'era delle guerre postnazionali», in *L'ultima crociata*, cit., p. 69.

33 J. Habermas, «Umanità e bestialità», cit., p. 85.
34 Ivi, p. 83.
35 Michael Walzer, «Kosovo», in *Dissent*, estate 1999, p. 5.
36 Ivi, p. 6.
37 *Ibid.*
38 *The Economist*, 8 maggio 1999, p. 11.
39 Carl Schmitt, *Le categorie del politico*, cit., p. 139.
40 Michael Mandelbaum, «A Perfect Failure», in *Foreign Affairs*, settembre-ottobre 1999, p. 5.

V. *L'imperialismo dei diritti umani*

1 Stefano Rodotà, *Repertorio di fine secolo*, Roma-Bari, Laterza, 1992, p. 163.
2 Josef Joffe, «How America Does It», in *Foreign Affairs*, settembre-ottobre 1999, pp. 17-25.
3 Ignacio Ramonet, «L'America nella testa», in *Le Monde Diplomatique*, maggio 2000.
4 Herbert I. Schiller, «Décervelage à l'américaine», in *Le Monde Diplomatique*, settembre 1999.
5 Joseph Nye jr e William Owens, «America's Information Edge», in *Foreign Affairs*, marzo-aprile 1966, pp. 20 21.
6 Ivi, p. 20.
7 Ivi, p. 27.
8 Su Echelon, di cui si è a lungo occupato (e seguita ad occuparsi: senza grande successo) anche il Parlamento europeo, la documentazione è molto ampia. Per gli aspetti generali si possono vedere una lunga inchiesta pubblicata dal *Nouvel Observateur* nel numero del 10 16 dicembre 1998, e poi tutti i documenti della discussione svoltasi su questo tema in seno all'Unione Europea, e conclusasi con il documento votato dal Parlamento europeo il 6 settembre 2001.
9 Su questo ultimo aspetto, interessanti sono le parole di James Harf, direttore di Rudder and Finn Global Public Affairs: «Abbiamo potuto far coincidere nell'opinione pubblica serbi e nazisti [...] Noi siamo professionisti. Abbiamo un lavoro da fare e lo facciamo. Non siamo pagati per fare la morale» (cit. in Jean Toschi Marazzani Visconti, I quaderni speciali di Limes, *Kosovo, L'Italia in guerra*, supplemento al n. 1/99 di *Limes*, p. 31). Sul tema generale della portata e dell'uso della disinformazione, vedi anche «Médias et Désénformation», in *Le Monde Diplomatique*, agosto 1999.
10 Serge Latouche, *L'occidentalisation du monde*, cit., pp. 27-28.
11 Jerry Wills, «The Bully of the Free World», in *Foreign Affairs*, marzo-aprile 1999, p. 52.
12 J. Nye e W. Owens, «America's Information Edge», cit., p. 31.
13 Samuel Huntington, *The Clash of Civilizations and the Remaking of World Order*, London, Touchstone Books, 1997, pp. 193-195.

14 A. Schlesinger, *The Cycles of American History*, cit., pp. 4-12.
15 Ivi, p. 13.
16 Ivi, p. 15. Un'analisi molto simile della mentalità americana viene fatta da Samuel Huntington, che sottolinea come i «forti elementi di assolutismo morale e di messianismo [che] fanno parte della storia e della cultura americana» contribuiscono ad «enfatizzare il ruolo degli Stati Uniti come una nazione redentrice e li spingono a tentare di imporre i suoi valori e spesso perfino le sue istituzioni ad altre società» (cit. in *Human Rights in Context*, cit., p. 817).
17 A. Schlesinger, *The Cycles of American History*, cit., p. 16.
18 *Ibid.*
19 Ivi, p. 17.
20 Ivi, p. 17.
21 Carl Schmitt, *Il nomos della terra*, Milano, Adelphi, 1998, p. 407.
22 Ivi, p. 408 (nota).
23 Ivi, p. 408.
24 Gaetano Salvemini, *Preludio alla seconda guerra mondiale*, Milano, Feltrinelli, 1967, pp. 623, 631-633.
25 A. Schlesinger, *The Cycles of American History*, cit., p. 16.
26 United States Report, Volume 504, *Cases Adjuged at the Supreme Court, United States versus Alvarez Machain*, Washington 1996, p. 657.
27 *International Herald Tribune*, 16 giugno 1992, p. 1.
28 United States Report, cit., p. 669.
29 Ivi, p. 666.
30 Ivi, p. 669.
31 Ivi, p. 670.
32 Ivi, p. 673.
33 Ivi, p. 674.
34 Ivi, p. 681.
35 Ivi, p. 679.
36 Ivi, pp. 687-688.
37 Ivi, p. 686.
38 A. Schlesinger, *The Cycles of American History*, cit., p. 58.
39 Zbigniew Brzezinski, «Selective Global Commitment», in *Foreign Affairs*, autunno 1991, p. 20.
40 David Gergen, «America's Missed Opportunities», in *Foreign Affairs, America and the World 1991-92*, p. 1.
41 Alan Tonelson, «Superpower without a Sword», in *Dissent*, estate 93, p. 166.
42 D. Gergen, «America's Missed Opportunities», cit., p. 16.
43 Ivi, p. 13.
44 James Schlesinger, «Quest for a Post-Cold War Policy», in *Foreign Affairs, America and the World 1992-93*, p. 17.
45 John Bolton, «Wrong Turn in Somalia», in *Foreign Affairs*, gennaio-febbraio 1994, p. 63.
46 Ivi, p. 63.
47 Ivi, p. 66.

48 David Hendrickson, «The Recovery of Internationalism», in *Foreign Affairs*, settembre-ottobre 1994, p. 26. Vedi anche *Strategic Survey 1995-96*, The International Institute for Strategic Studies, London, p. 73.

49 *Strategic Survey 1994-95*, The International Institute for Strategic Studies, London, p. 63.

50 *Strategic Survey 1996-97*, The International Institute for Strategic Studies, London, p. 110.

51 Ivi, p. 7.

52 Arthur Schlesinger, «Back to the Womb», in *Foreign Affairs*, luglio-agosto 1995, p. 5.

53 Strobe Talbott, «Democracy and the National Interest», in *Foreign Affairs*, novembre-dicembre 1996, p. 49.

54 *Ibid.*

55 Ivi, pp. 49, 47, 48.

56 William Kristol e Robert Kagan, «Toward a Neo-Reaganite Foreign Policy», in *Foreign Affairs*, luglio-agosto 1996, p. 20.

57 Ivi, p. 22.

58 A. Schlesinger, *The Cycles of American History*, cit., p. 58.

59 Richard Holbrooke, «America, a European Power», in *Foreign Affairs*, marzo-aprile 1995, p. 38.

60 *Nato Basic Text, The Alliance Strategic Concept Agreed by the Heads of State Participating to the Meeting of the North Atlantic Council*, p. 4.

61 *Ibid.*

62 Bruno Simma, «Nato, the Un and the Use of Force, Legal Aspects», in *European Journal of International Law* (http://www.ejil.org/journal/Vol10/no1/ab1.html), cap. 3, p. 3.

63 *Ibid.*

64 Il termine "auto-autorizzazione", a proposito della posizione assunta dalla Nato nel 1998, appare in un saggio di Jeffrey Laurenti, citato da Simma. Scrive infatti Laurenti: «[L']abbandono della tesi ufficiale secondo cui, tranne nei casi di autodifesa, la decisione sull'uso delle forza verso terzi spetta unicamente al Consiglio di sicurezza, potrebbe mettere la comunità internazionale sul piano inclinato di contrastanti pretese di un "diritto" di intervento: con il rischio, non di una diminuzione, ma di un aumento dei conflitti. Alcuni scorgono un inquietante precedente storico della attuale auto-autorizzazione della Nato, per quanto riguarda l'uso della forza, nell'intervento del Patto di Varsavia in Cecoslovacchia, nel 1968» (ivi, p. 6).

65 Ivi, p. 1.

66 *Ibid.*

67 *Ibid.*

68 Ivi, p. 2.

69 *Ibid.*

70 D. Zolo, *Chi dice umanità*, cit., p. 64.

71 *Strategic Survey 1998-99*, The International Institute for Strategic Studies, London, p. 32.

72 Ivi, p. 34.

73 «Con poche discussioni e poco rumore, gli Stati Uniti e la Nato hanno abbandonato le Nazioni Unite» scrive Michael Glennon, «The New Interventionism», in *Foreign Affairs*, maggio-giugno 1999, p. 2.

74 Martti Koskenniemi, «The Future of Statehood», in *Harvard International Law Journal*, vol. 32, n. 2, primavera 1991, p. 407.

75 J. Donnelly, *Universal Human Rights in Theory and Practice*, cit., p. 268.

76 *Human Rights in Context*, cit., p. 1102.

77 AAAS, Science and Human Rights Program, *Guatemala Memory of Silence, Report of the Commission of Historical Clarification*, Conclusions, p. 1 (hatp:/hrdataaaas.org/ceh/report/english).

78 Ivi, p. 3.

79 *Ibid.*

80 Ivi, p. 10.

81 Ivi, p. 12.

82 Ivi, p. 1.

83 Ivi, pp. 6-7.

84 Human Rights Watch, *New Figures on Civilian Deaths in Kosovo*, cit., «The Crisis in Kosovo»; J. Habermas, «Umanità e bestialità», cit., p. 77.

85 D. Zolo, *Chi dice umanità*, cit., pp. 47, 76.

86 «La legge, come norma giuridica, è la determinazione astratta di una classe di azioni o della forma che esse devono assumere per avere quella specifica rilevanza» (Flavio Lopez de Oñate, *Compendio di filosofia del diritto*, Milano, Cetim, 1942, p. 176).

87 Vedi p. 59.

88 *The Economist* racconta come in tredici Stati americani – piú di un quarto del totale – chiunque abbia subito una condanna penale – anche solo per furto o per emissione di un assegno falso – viene privato, a vita, del diritto di voto. Il risultato di queste leggi è che il 2 per cento della popolazione non ha attualmente il diritto di recarsi alle urne. Ma tale quadro si aggrava se si tiene presente che, visto che la schiacciante maggioranza degli ex detenuti sono neri, nella popolazione di colore di questi Stati le persone che non possono votare sono oltre il 10 per cento. Con punte che in Alabama e in Florida superano il 30 per cento (*The Economist*, 24 ottobre 1998, p. 60).

89 «Gli Stati Uniti sono entrati nella prima guerra mondiale per motivi di equilibrio di potere; anche se Woodrow Wilson non voleva rassegnarsi ad ammettere che esisteva un interesse nazionale nel cercare di impedire che l'intera forza dell'Europa fosse concentrata nelle mani di un solo paese», scrive ad esempio Arthur Schlesinger in *The Cycles of American History*, cit., p. 54. Mentre Samuel Huntington fornisce il seguente elenco delle motivazioni dell'azione degli Stati Uniti in campo internazionale: «Promuovere gli interessi delle grandi società americane sotto lo slogan del libero commercio e dei mercati aperti; influire sulle politiche della Banca mondiale e del Fondo monetario internazionale in modo da farle coincidere con gli stessi interessi industriali; intimidire gli altri paesi per obbligarli a adottare orientamenti favorevoli all'economia americana; sviluppare le vendite all'estero di armamenti americani nello stesso momento in

cui si cerca di impedire agli altri paesi di fare altrettanto» («The Lonely Superpower», in *Foreign Affairs*, marzo-aprile 1999, p. 38). Quanto alla tesi che, nelle guerre «da cui è uscito l'attuale sistema internazionale, gli Stati Uniti sono stati sempre dalla parte giusta», la troviamo ripetuta da Norberto Bobbio, «Non siate siate prigionieri dell'antiamericanismo», in *L'ultima crociata*, cit., p. 45.

90 N. Bobbio, «Gli intellettuali tra deprecazioni e realismo», intervista di Giancarlo Bosetti, in *L'ultima crociata*, cit., p. 123.

91 David Held, Anthony McGrew, David Goldblatt e Jonathan Perraton, *Global Transformation*, Cambridge, Polity Press, 1999, p. 2.

92 Su questo tema, la letteratura disponibile è ormai praticamente sconfinata. Per gli aspetti iniziali e le ripercussioni sociali si possono vedere: Robert R. Reich, *The Work of Nations*, New York, Vintage Books, 1992 (in particolare pp. 283-315); Antonio Gambino, *Il mito della politica*, cit., pp. 193-195, e Jeremy Rifkin, *La fine del lavoro*, Milano, Baldini&Castoldi, 1992. Per una valutazione piú aggiornata si vedano, tra i tanti: Luciano Gallino, *Globalizzazione e diseguaglianze economiche*, Roma-Bari, Laterza, 2001, e Barbara Ehrenreich, *Nickel and Dimed*, New York, Metropolitan Books, 2001, pp. 193-221.

93 C. Schmitt, *Il nomos della terra*, cit., pp. 43-46. Vedi anche Santo Mazzarino, *L'impero romano*, vol. I, Roma-Bari, Laterza, 1984, pp. 189 sgg.

94 James Lindsay, «The New Apathy», in *Foreign Affairs*, settembre-ottobre 2000, pp. 2-4.

95 Tipica di questo orientamento è la posizione assunta, da tempo, dal senatore Jesse Helms, presidente della Commissione sulle relazioni internazionali del Senato americano, la cui tesi, da anni, è che le Nazioni Unite «rappresentano una evidente minaccia per gli interessi degli Stati» e che quindi, in mancanza di un loro mutamento di rotta, il governo di Washington dovrebbe decidere di abbandonarle («Saving the U.N.», in *Foreign Affairs*, settembre-ottobre 1996, pp. 2 sgg.).

96 Samuel Huntington, «The Lonely Superpower», cit., p. 48. Un chiaro accenno al pericolo che la situazione attuale «possa andare all'indietro, allo spirito e ai metodi [...] delle "posse" organizzate dagli sceriffi, falsamente presentate come azioni globali» è inoltre contenuto nella prefazione dei due co-chairmen al Rapporto della Commissione sulla Global Governance (*Our Global Neighborhood*, Oxford University Press, 1995, p. XIX).

VI. La falsa e la vera concezione dei diritti umani

1 Charles Taylor, «A World Consensus on Human Rights?», cit., p. 19.

2 N. Bobbio, «Sul fondamento dei diritti dell'uomo», cit., p. 8.

3 N. Bobbio, «Diritti dell'uomo e società», cit., p. 80.

4 Ivi, p. 81.

5 Ivi, p. 85.

6 Ivi, p. 86. La "ritrattazione" a cui si accenna nel testo a pagina 142 si trova in una intervista con Giancarlo Bosetti del 1999, nella quale Bobbio pole-

mizza con coloro che definiscono la Dichiarazione universale del 1948 una «collezione di pii desideri» (*L'ultima crociata*, cit., p. 121).

7 «La bilateralità consiste in quella peculiarità della norma giuridica per la quale essa consente ad un soggetto un contegno, ed impone contemporaneamente ad altri soggetti il dovere di non impedire tale contegno», F. Lopez de Oñate, *Compendio di filosofia del diritto*, cit., p. 174.

8 A. Ollero Tassara, *Diritto "positivo" e diritti umani*, cit., p. 108.

9 Ivi, p. 111.

10 *Ibid.*

11 J. Donnelly, *Universal Human Rights in Theory and Practice*, cit., p. 262.

12 H. Arendt, *Le origini del totalitarismo*, cit., p. 414.

13 Mohammed Bedjauoi, *International Law: Achievements and Prospects*, cit. in *Human Rights in Context*, cit., p. 1117.

14 J. Donnelly, *Universal Human Rights in Theory and Practice*, cit., p. 266.

15 *Ibid.*

16 Eduardo Rabossi, *Human Rights Naturalized*, cit. in Richard Rorty, «Diritti umani, razionalità, sentimento», in *I diritti umani*, Oxford Amnesty Lectures 1993, Milano, Garzanti, 1994, p. 132.

17 John Stuart Mill, *Considerazioni sul governo rappresentativo*, Milano, Bompiani, 1946, pp. 152-156.

18 In occasione delle elezioni presidenziali americane del novembre 2000, in tutta la stampa internazionale è apparsa una gran quantità di articoli sulle modalità della raccolta dei fondi da parte dei vari candidati e sui condizionamenti che ne derivano: per quanto riguarda sia l'esclusione di fatto di tutti gli esponenti politici minori (incapaci di attrarre i finanziamenti delle grandi industrie) sia la creazione di una serie di "cambiali in bianco", che i due aspiranti presidenti, al momento di ricevere questi appoggi, erano costretti a firmare. In particolare, si possono leggere, di Vittorio Zucconi, «Il balletto dei dollari, nel giorno in cui tutto è legale» (*La Repubblica*, 2 agosto 2000) e «Il prezzo della Casa Bianca» (*La Repubblica*, 30 ottobre 2000); e di Ennio Carretto, «Un voto deciso dai dollari» (*Corriere della sera*, 25 gennaio 2000).

19 «Pochi metteranno in dubbio che una persona che vive in condizioni abiette, priva di mezzi adeguati di sussistenza e della possibilità di un lavoro, subisce un profondo affronto al suo senso di dignità e di valore intrinseco. Provvedimenti economici e sociali non possono quindi essere esclusi quando ci si pone il problema della difesa della dignità: perché essa, quanto meno, richiede il riconoscimento di un concetto minimo di giustizia distributiva, capace di dare soddisfazione ai bisogni essenziali di ognuno» (Oskar Schachter, «Human Dignity as a Normative Concept», cit., p. 851)

20 E. Vierdag, *The Legal Nature of the Rights Granted by the International Covenant on Economical, Social and Cultural Rights*, cit. in *Human Rights in Context*, cit., pp. 299-300.

21 Questa tesi è sostenuta con serietà da Mohammed Bedjaoui, «International Law: Achievements and Prospects», in *Human Rights in Context*, cit., pp. 1117-1121.

22 Un esame della resistenza dei paesi occidentali ad un piú ampio riconoscimento dei diritti umani economici e sociali si trova in *Human Rights in Context*, cit., pp. 257-290.
23 R. Rorty, «Diritti umani, razionalità, sentimento», cit., p. 146.
24 Ivi, p. 139.
25 R. Rorty, «Giustizia come lealtà piú ampia», in *Filosofia e questioni pubbliche*, vol II, n. 1, 1996, p. 62.
26 Ivi, p. 56.
27 *Ibid.*
28 La tesi della esigenza di un aspetto di "mitezza" nella interpretazione, e specie nella realizzazione, dei diritti umani si richiama, sia pure indirettamente, a quanto scritto da Gustavo Zagrebelsky, in un suo libro intitolato, appunto, *Il diritto mite* (Torino, Einaudi, 1992).
29 Giambattista Vico, *La Scienza Nuova*, Roma-Bari, Laterza, 1974, vol. II, p. 588.

Conclusione

1 Italo Calvino, *Lezioni americane*, Milano, Garzanti, 1988, p. 57.
2 Baruch Spinoza, *Etica*, Torino, Boringhieri, 1958, p. 199.
3 La formula «Holocaust of neglect» è di Henry Shue, ed è citata da John R. Vincent, *Human Rights and International Relations*, cit., p. 144.
4 G. Del Vecchio, *La Giustizia*, Roma, Studium, 1946, p. 106.
5 G.W.F. Hegel, *Lineamenti di filosofia del diritto*, traduzione di Francesco Messineo, Roma-Bari, Laterza, 1978, p. 113.
6 Richard Falk, *Human Rights and State Soveregnity*, cit., p. 2.
7 John R. Vincent, *Human Rights and International Relations*, cit., pp. 117-118.
8 Oscar Schachter, *Human Rights in Theory and Practice*, cit. in Louis Henkin, «Kosovo and the Law of Humanitarian Intervention», in *American Journal of International Law*, vol. 93, n. 4, ottobre 1999, p. 826.

Bibliografia

AA.VV., *L'ultima crociata*, Roma, I Libri di Reset, 1999.

American Society of International Law, *Proceedings of the 87th Meeting*, Chicago, 1994.

Arendt, Hannah, *Le origini del totalitarismo*, Milano, Edizioni di Comunità, 1996.

Bobbio, Norberto, *L'età dei diritti*, Torino, Einaudi, 1992.

Bolton, John, «Wrong Turn in Somalia», in *Foreign Affairs*, gennaio-febbraio 1994.

Braudel, Fernand, *L'identità della Francia*, 3 voll., Milano, Il Saggiatore, 1988.

Brown, Dee, *Seppellite il mio cuore a Wounded Knee*, Milano, Mondadori, 1977.

Brzezinski, Zbigniew, «Selective Global Commitment», in *Foreign Affairs*, autunno 1991.

Bull, Hedley, *The Anarchical Society*, London, Macmillan, 1977.

Calvino, Italo, *Lezioni americane*, Milano, Garzanti, 1988.

Capograssi, Giuseppe, *La Dichiarazione universale dei diritti dell'uomo e il suo significato*, in *Opere*, vol. V, Milano, Giuffrè, 1959.

Carpentier, Chantal, «La Résolution 688 (1991) du Conseil de Sécurité: quel devoirs de ingérence?», in *Revue de Etudes internationales*, vol. XXIII, n. 2, giugno 1992.

Cassese, Antonio, *I diritti umani nel mondo contemporaneo*, Roma-Bari, Laterza, 1988.

Cassirer, Ernst, *La filosofia dell'Illuminismo*, Firenze, La Nuova Italia, 1977.

Cavalli Sforza, Luca, *Geni, popoli, lingue*, Milano, Adelphi, 1996.

Croce, Benedetto, *Dei diritti umani*, Archetipografia di Milano, s.d. [1949].

Del Vecchio, Giorgio, *La Giustizia*, Roma, Studium, 1946.
Del Vecchio, Giorgio, «Il fenomeno della guerra e l'idea della pace», in *Studi sulla guerra e la pace*, Milano, Giuffrè, 1959.
Dickens, Charles, *Racconto di due città*, Milano, Mondadori, 1987.
Donnelly, Jack, *The Concept of Human Rights*, London-Sidney, Croom Helm, 1985.
Donnelly, Jack, *International Human Rights. Dilemmas in World Politics*, Boulder, Westview Press, 1998.
Donnelly, Jack, *Universal Human Rights in Theory and Practice*, Ithaca and London, Cornell University Press, 1989.
Ehrenreich, Barbara, *Nickel and Dimed*, New York, Metropolitan Books, 2001.
Enzensberger, Hans Magnus, *Prospettive sulla guerra civile*, Torino, Einaudi, 1994.
Falk, Richard, *Human Rights and State Sovereignty*, New York, Holmes and Meier, 1981.
Falk, Richard, *Law in an Emerging Global Village*, Ardsley, New York, Transnational Publishers, 1998.
Febvre, Lucien, *Problemi di metodo storico*, Torino, Einaudi, 1976.
Frosini, Vittorio, *Teoria e tecnica dei diritti umani*, Napoli, Edizioni scientifiche italiane, 1995.
Gallino, Luciano, *Globalizzazione e diseguaglianze economiche*, Roma-Bari, Laterza, 2001.
Gambino, Antonio, *Il mito della politica*, Bologna, Il Mulino, 1993.
Gergen, David, «America's Missed Opportunities», in *Foreign Affairs, America and the World 1991-92*.
Glennon, Michael, «The New Interventionism», in *Foreign Affairs*, maggio-giugno 1999.
Habermas, Jürgen, «Legittimazione in forza dei diritti umani», in *Fenomenologia e Società*, n. 2, 1997.
Habermas, Jürgen, *Dopo l'utopia*, Venezia, Marsilio, 1992.
Habermas, Jürgen, *L'inclusione dell'altro*, Milano, Feltrinelli, 1998.
Habermas, Jürgen, *La costellazione postnazionale*, Milano, Feltrinelli, 1999.
Hegel, G.W.F., *Lineamenti di filosofia del diritto*, Bari, Laterza, 1954.
Held, David, McGrew, Anthony, Goldblatt, David e Perraton, Jonathan, *Global Transformation*, Cambridge, Polity Press, 1999.
Helms, Jesse, «Saving the U.N.», in *Foreign Affairs*, settembre-ottobre 1996.
Hendrickson, David, «The Recovery of Internationalism», in *Foreign Affairs*, settembre-ottobre 1994.
Henkin, Louis, «Kosovo and the Law of Humanitarian Intervention», in *American Journal of International Law*, vol. 93, n. 4, ottobre 1999.

Holbrooke, Richard, «America, a European Power», in *Foreign Affairs*, marzo-aprile 1995.
Human Rights Watch, *New Figures of Civilian Deaths in Kosovo*, Washington, 2000.
Huntington, Samuel, *Lo scontro delle civiltà e il nuovo ordine mondiale*, Milano, Garzanti, 1997.
Huntington, Samuel, «The Lonely Superpower», in *Foreign Affairs*, marzo-aprile 1999
Jaspers, Karl, *Origine e senso della storia*, Milano, Edizioni di Comunità, 1972.
Joffe, Josef, «How America Does It», in *Foreign Affairs*, settembre-ottobre 1999.
Kant, Immanuel, *Critica della ragion pratica*, Bari, Laterza, 1971.
Kant, Immanuel, *Per la pace perpetua*, in *Antologia degli scritti politici*, a cura di Gennaro Sasso, Bologna, Il Mulino, 1961.
Kelsen, Hans, *La pace attraverso il diritto*, Torino, Giappichelli, 1990.
Kennan, George, «Morality and Foreign Policy», in *Foreign Affairs*, inverno 1985-86.
Koskenniemi, Martti, «The Politics of International Law», in *European Journal of International Law*, vol. 1, n. 1.
Koskenniemi, Martti, «The Future of Statehood», in *Harvard International Law Journal*, vol. 32, n. 2, primavera 1991.
Kristol, William e Kagan, Robert, «Toward a Neo-Reaganite Foreign Policy», in *Foreign Affairs*, luglio-agosto 1996.
Latouche, Serge, *L'occidentalizzazione del mondo*, Torino, Bollati Boringhieri, 1992.
Le Goff, Jacques e Nora, Pierre (a cura di), *Fare storia*, Torino, Einaudi, 1974.
Levi, Primo, *Se non ora, quando?*, Torino, Einaudi, 1982.
Lindsay, James, «The New Apathy», in *Foreign Affairs*, settembre-ottobre 2000.
Lippmann, Walter, *The Phantom Public*, New York, Harcourt Brace, 1925.
Lippmann, Walter, *L'opinione pubblica*, Roma, Donzelli, 1995.
Lopez de Oñate, Flavio, *Compendio di filosofia del diritto*, Milano, Cetim, 1942.
Mandelbaum, Michael, «A Perfect Failure», in *Foreign Affairs*, settembre-ottobre 1999, p. 5.
Maritain, Jacques, *L'uomo e lo Stato*, Milano, Pubblicazioni della Università Cattolica, 1954.
Mazzarino, Santo, *L'impero romano*, Roma-Bari, Laterza, 1984.
Meinecke, Friedrich, *L'idea dalla ragion di Stato nella storia moderna*, Firenze, Sansoni, 1977.

Memmi, Albert, *Il razzismo*, Genova, Costa & Nolan, 1989.
Mill, John Stuart, *Considerazioni sul governo rappresentativo*, Milano, Bompiani, 1946.
Morgenthau, Hans J., *Politica tra le nazioni*, Bologna, Il Mulino, 1997.
Morozzo Della Rocca, Paolo, «Alterità nazionale e diritto alla differenza», in *Rivista critica del diritto privato*, 1, X.
Müllerson, Rein, *Human Rights Diplomacy*, London, Routledge, 1997.
Niebuhr, Reinhold, *Uomo morale e società immorale*, Milano, Jaca Book, 1960.
Nye, Joseph jr e Owens, William, «America's Information Edge», in *Foreign Affairs*, marzo-aprile 1966.
Ollero Tassara, Andrés, *Diritto "positivo" e diritti umani*, Torino, Giappichelli, 1998.
Our Global Neighborhood. The Report of the Commission on Global Governance, Oxford, Oxford University Press, 1995.
Owen, David, *Human Rights*, New York, Norton, 1978.
Panikkar, Raimundo, «La notion des droit de l'homme est-elle un concept occidental? », in *Diogène*, n. 120, ottobre-dicembre 1982.
Pascal, Blaise, *Pensieri*, Torino, Einaudi, 1962.
Passerin d'Entrèves, Alessandro, *La dottrina del diritto naturale*, Milano, Edizioni di Comunità, 1962.
Pitch, Tamar, «Antropologia dei diritti umani», in *I diritti nascosti*, a cura di A. Giasanti e G. Maggioni, Milano, Cortina, 1995.
Reich, Robert R., *L'economia delle nazioni*, Milano, Il Sole-24 Ore, 1993.
Rifkin, Jeremy, *La fine del lavoro*, Milano, Baldini&Castoldi, 1992.
Roberts, Adam, «Humanitarian war: military intervention and human rights», in *International Affairs*, 69, 3, 1993.
Rodotà, Stefano, *Repertorio di fine secolo*, Roma-Bari, Laterza, 1992.
Rorty, Richard, *I diritti umani*, Oxford Amnesty Lectures 1993, Milano, Garzanti, 1994.
Rorty, Richard, «Giustizia come lealtà piú ampia», in *Filosofia e questioni pubbliche*, vol II, 1996.
Salvemini, Gaetano, *Preludio alla seconda guerra mondiale*, Milano, Feltrinelli, 1967.
Sartori, Giovanni, *The Theory of Democracy Revisited*, New Jersey, Chatham House Publishers, 1987.
Scanlon, M.T., «Punishment and the Rule of Law», in *Deliberative Democracy and Human Rights*, New Haven and London, Yale University Press, 1999.
Schachter, Oscar, «Human Dignity as a Normative Concept», in *American Journal of International Law*, 77, ottobre 1993

Schlesinger, Arthur, *I cicli della storia americana*, Pordenone, Studio Tesi, 1991.
Schlesinger, Arthur, «Back to the Womb», in *Foreign Affairs*, luglio-agosto 1995.
Schlesinger, James, «Quest for a Post-Cold War Policy», in *Foreign Affairs, America and the World 1992-93*.
Schmitt, Carl, *Le categorie del politico*, Bologna, Il Mulino, 1972.
Schmitt, Carl, *Il nomos della terra*, Milano, Adelphi, 1998.
Spinoza, Baruch, *Etica*, Torino, Boringhieri, 1958.
Steiner, Henry J. e Altson, Philip (a cura di), *International Human Rights in Context*, Oxford, Clarendon Press, 1996.
Strategic Survey 1994-95, The International Institute for Strategic Studies, London.
Strategic Survey 1995-96, The International Institute for Strategic Studies, London.
Strategic Survey 1996-97, The International Institute for Strategic Studies, London.
Strategic Survey 1998-99, The International Institute for Strategic Studies, London.
Talbott, Strobe, «Democracy and the National Interest», in *Foreign Affairs*, novembre-dicembre 1996.
Taylor, Charles, «A World Consensus on Human Rights?», in *Dissent*, estate 1996.
Todorov, Tzvetan, *La conquista dell'America*, Torino, Einaudi, 1982.
Toschi Marazzani Visconti, Jean, *Kosovo, L'Italia in guerra*, Roma, I quaderni speciali di *Limes*, 1999.
Triandis, Henry C., *Cross-Cultural Studies of Individualism and Collectivism*, Nebraska Symposium on Motivation, 1989.
Valéry, Paul, *Sguardi sul mondo attuale e altri saggi*, Milano, Adelphi, 1994.
Vico, Giambattista, *La Scienza Nuova*, Roma-Bari, Laterza, 1974.
Vincent, John R., *Human Rights and International Relations*, Cambridge, Cambridge University Press, 1986.
Waltz, Kenneth, *Teoria della politica internazionale*, Bologna, Il Mulino, 1987.
Walzer, Michael, *Guerre giuste e ingiuste*, Napoli, Liguori, 1990.
Walzer, Michael, «Kosovo», in *Dissent*, estate 1999.
Wills, Jerry, «The Bully of the Free World», in *Foreign Affairs*, marzo-aprile 1999.
Zagrebelsky, Gustavo, *Il diritto mite*, Torino, Einaudi, 1992.
Zolo, Danilo, *Chi dice umanità. Guerra, diritto e ordine globale*, Torino, Einaudi, 2000.

Indice analitico

Finito di stampare nel mese di novembre 2001
per conto degli Editori Riuniti
dagli Stabilimenti Tipografici Carlo Colombo - Roma